VENCE TU
INSEGURIDAD

VENCE TU INSEGURIDAD

Descubre los secretos para lograr éxito en la vida

Deborah Smith Pegues

PORTAVOZ

La misión de *Editorial Portavoz* consiste en proporcionar productos de calidad
—con integridad y excelencia—, desde una perspectiva bíblica y confiable, que
animen a las personas a conocer y servir a Jesucristo.

Título del original: *Conquering Insecurity* © 2005 por Deborah
Smith Pegues y publicado por Harvest House Publishers,
Eugene, Oregon 97402. Traducido con permiso.

Edición en castellano: *Vence tu inseguridad* © 2008 por
Deborah Smith Pegues y publicado por Editorial Portavoz,
filial de Kregel Publications, Grand Rapids, Michigan 49501.
Todos los derechos reservados.

EDITORIAL PORTAVOZ
P.O. Box 2607
Grand Rapids, Michigan 49501 USA

Visítenos en: www.portavoz.com

ISBN 978-0-8254-1600-2

1 2 3 4 5 / 12 11 10 09 08

Impreso en los Estados Unidos de América
Printed in the United States of America

Este libro se lo dedico a mi esposo, Darnell,
mi compañero, mi confidente y mi alentador entusiasta.
No hay nadie como tú en toda la tierra.

Agradecimientos

Un agradecimiento especial…

A la familia de Harvest House: Bob Hawkins Jr., presidente, por su humildad, su pasión y su compromiso con el desarrollo espiritual de aquellos que aman la lectura; a Terry Glaspey, director de adquisiciones y desarrollo, que me hizo salir de mi zona de comodidad para hacer un trabajo profundo; a Kim Moore, mi editora, que me convenció de que podía hacerlo; y a todo el personal por el espíritu de equipo que hace que la compañía sea tan poderosa como es.

A P. B. "Bunny" Wilson, por su sabiduría y ejemplo devoto de lo que puede llegar a ser una mujer emocionalmente segura.

A mis amigas en el ministerio: Terri McFadden, Theresa McFadden, Sandra Arceneaux, Marilyn Beaubien, y Pat Ashley, por su aliento.

A mi grupo de estudio de la Biblia: LaTanya Richardson Jackson, Cookie Johnson, Charlayne Woodard, Akousua Busia, Wanda Vaughn, Andi Chapman, Candida Mobley-Wright, Eula Smith, Jennifer McHenry, Cheri Townsend, Patricia Moore, y Pat Kelly, cuyo apetito y receptividad por la Palabra me mantuvieron investigando los principios que aquí se tratan.

A todos los que participaron de forma anónima para que el mundo pudiera beneficiarse con su historia.

A mi familia, por su apoyo inquebrantable en todo lo que hago.

A mi esposo, Darnell, quien tuvo que soportar mis horas de soledad y el hecho de no estar disponible a fin de poder lograr este libro.

Y por encima de todo, a mi Señor, que es de hecho el autor y terminador de esta obra.

Contenido

Parte III
Siete estrategias para conquistar
al gigante de la inseguridad

Parte IV
Los siete hábitos de las personas
emocionalmente seguras

La raíz de la inseguridad

EL CULTO DEL DOMINGO por la mañana estaba en pleno apogeo en la Faith Covenant Church. Sherry apartó los ojos de su himnario justo a tiempo para ver que el acomodador conducía a una joven de bonita figura al asiento del otro lado de su esposo John. Sherry se encogió al ver la belleza de aquella mujer sensual que había llegado tarde; parecía como si alguien la hubiera introducido en su vestido de elastán demasiado corto para ir a la iglesia. Sherry se regañó a sí misma en silencio por haber abandonado su última dieta. Por supuesto, John era un marido amoroso que nunca le había sido infiel, y que no era propenso a mirar a otras. No obstante, Sherry pensó en pedirle que se cambiara de lugar con ella, pero decidió que el motivo hubiera resultado demasiado obvio.

Al otro lado del pasillo, Jerry, el gerente de planta, ojeaba el boletín semanal. Lo que vio le hizo ponerse verde de envidia. Lois Smith, la última contratada de personal de la iglesia, aparecía como "Empleado del mes". Hasta la llegada de esta superestrella llena de credenciales, Jerry era el miembro más estimado del personal. Aunque solo había terminado la escuela secundaria, era uno de los fundadores de la iglesia. Asistía fielmente a los servicios programados, y era la persona oficial a quién acudir cuando surgían la mayoría de los problemas; por lo menos, lo había sido hasta que la iglesia comenzó a crecer a pasos agigantados. Ahora el pastor estaba contratando profesionales de gran experiencia y con habilidades técnicas y gerenciales extravagantes. Incluso estaba elevando sus expectativas respecto a los líderes contratados y a los voluntarios. A Jerry le parecía que su estatus se estaba erosionando día a día.

Finalmente, en el púlpito, el pastor Terry estaba expresando su molestia por la creciente popularidad del anciano Moore, el profesor del estudio bíblico para hombres. ¡La asistencia a su clase era lo suficientemente voluminosa como para iniciar una pequeña iglesia! El anciano Moore era un gran comunicador, sus mensajes eran pertinentes y estaba genuinamente preocupado por los hombres y sus asuntos. No era ningún secreto que ellos lo admiraban y le consideraban un mentor. Además, también era un hombre de familia sólido y equilibrado. El pastor Terry nunca había oído a nadie difamar el carácter del anciano Moore. En resumen, el tipo era virtualmente perfecto. El pastor Terry se sentía dividido entre verlo como un recurso valioso o como un problema en potencia.

¿Qué tienen en común Sherry, Jerry y el pastor Terry? Todos están batallando con un gigante emocional inexorable. Es un gigante que vive en la mente y hace que sus víctimas se sientan incompetentes, inseguras o dudosas de su capacidad para desenvolverse en los aspectos esenciales de la vida. Es el gigante de la inseguridad.

Sin respetar a las personas, la inseguridad puede infiltrarse e influir en todos los aspectos de la vida de una persona. Ataca a los individuos desde los peldaños más altos hasta los más bajos de la escala social, económica y espiritual. Si bien se desarrolla en la mente, la inseguridad no es un trastorno psicológico.

> *La inseguridad es una mentalidad incrédula, arraigada en el temor y alimentada por la ignorancia espiritual y natural.*

La inseguridad es una mentalidad incrédula, arraigada en el temor y alimentada por la ignorancia espiritual y natural. Fue mi compañera frecuente hasta que descubrí cómo reconocer y vencer sus muchas manifestaciones. Incluso ahora la inseguridad me hace alguna visita ocasional, pero mi radar espiritual rápidamente me alerta de su presencia y me permite responder con la munición adecuada de la Palabra de Dios. Sin embargo, no soy tan ingenua como para creer que nunca más va a intentar mostrar su fea cabeza en una u otra área de mi vida. Por eso escribo este libro.

En los siguientes capítulos compartiré contigo las verdades que Dios me ha revelado para conquistar a este gigante. Te presentaré personajes y situaciones bíblicos, así como también personas de la era moderna que pueden ser un espejo de tu propia conducta o de la de alguien que conoces. Tus relaciones mejorarán a la vez que aprenderás a comprender los temores que hacen que te comportes de determinadas maneras: en el hogar, en el trabajo y en el ocio. Aprenderás a estar alerta respecto a este insidioso enemigo, y a vencerlo cada vez que surja en tu vida.

Durante el trayecto de nuestro viaje, también te daré instrucciones sobre cómo abandonar el valle de la inseguridad, a desviarte por el camino de la confianza en ti mismo y a avanzar por la autopista de la confianza suprema.

No es mi intención ofrecer un análisis profundo de las numerosas circunstancias o situaciones que pueden hacer que una persona sea insegura. Baste decir que la inseguridad es un comportamiento aprendido y que se aprende en los primeros años de la vida. Su origen puede encontrarse en experiencias traumáticas de la niñez, tales como la pérdida de un padre o una madre debido a su muerte, divorcio, drogadicción o abandono; burlas crueles y rechazo por parte de otros niños; rechazo de los compañeros durante los años de formación debido a una discapacidad o a otra "diferencia" física; un progenitor demasiado crítico, poco cariñoso, no afirmador; un maestro prejuicioso, que no proporcionó apoyo; un entorno familiar inestable debido a las continuas mudanzas por motivos laborales; o padres irresponsables desde el punto de vista financiero, por nombrar algunas.

Rastrear tus diversas inseguridades desde sus orígenes sería tiempo bien empleado. Por lo menos conocerías la base del problema. No obstante, si bien es útil comprender el camino que te llevó a tu nivel actual de inseguridad, es más importante ubicarse en el camino de la recuperación. De eso trata este libro.

En la parte I, Los siete síndromes de la inseguridad, analizaremos siete personajes bíblicos y veremos cómo su inseguridad afectó a sus vidas y a las vidas de los demás. En la parte II, Los siete obstáculos para la confianza suprema, te retaré a hacer una auditoría introspectiva de siete conductas que pueden estar impidiendo que te conviertas en la persona confiada que deseas ser. "Confianza suprema", por supuesto, se refiere a la confianza que solo proviene de confiar y morar en el Ser Supremo, nuestro Padre celestial. En la parte III, Siete estrategias para conquistar al gigante de la inseguridad, comienza la batalla. Estos capítulos son un paralelismo de la historia de David y Goliat y te muestran cómo vencer tus inseguridades a pesar de realidades evidentes o de la falta de aliento de otras personas.

Para cuando llegues a la parte IV, Los siete hábitos de las personas emocionalmente seguras, habrás conquistado al gigante —o sabrás cómo hacerlo— y te mantendrás en equilibrio para ejemplificar un comportamiento que exprese la victoria que has logrado a través de la gracia de Dios.

Finalmente, los apéndices presentan información clave que te ayudará a mantener tu dominio sobre la inseguridad. El apéndice A es una oración poderosa, con referencias bíblicas de sanación que te conecta con Dios y te conduce a declarar tu victoria diariamente. El apéndice B es un arsenal de pasajes de las Escrituras para que lo memorices, recites o leas cada vez que el gigante de la inseguridad intente visitar tu vida.

Autoevaluación rápida

Antes de comenzar tu búsqueda de confianza suprema, hagamos una evaluación rápida de tu nivel de inseguridad actual. Por favor contesta sí o no a las preguntas que figuran a continuación. Sé sincero. Resiste el impulso de negarte a hacerlo. Tienes que saber que una debilidad reconocida puede convertirse en tu mayor fortaleza y en el camino más rápido hacia una vida emocionalmente equilibrada y satisfactoria.

Cuestionario sobre la inseguridad

1. ¿Sientes resentimiento o criticas a las personas que son asertivas, confiadas o capaces en áreas en las que tú te sientes inadecuado?

2. ¿Te pones nervioso cuando parece que alguien puede ocupar tu lugar destacado en un determinado entorno o relación?
3. ¿Alardeas acerca de tus posesiones, logros, o conocidos famosos a fin de obtener la admiración de los demás?
4. ¿Te sientes perturbado cuando alguien no está de acuerdo con tu opinión o rechaza tu consejo?
5. ¿No puedes aprovechar determinadas oportunidades por temor a fracasar o a no resultar competente para la tarea?
6. Cuando trabajas en equipo, ¿prefieres "brillar solo" en lugar de que el grupo comparta el crédito por tus ideas?
7. ¿Te resistes a dar o recibir críticas constructivas?
8. ¿Te resulta difícil decir que no o expresar tus límites o preferencias personales en las relaciones?
9. ¿Te sientes menospreciado cuando alguien le dice a un amigo, un hermano, un compañero de trabajo, u otra persona un cumplido o una crítica elogiosa en tu presencia?
10. ¿Te sientes incompetente o inferior debido a determinados rasgos físicos que no pueden cambiarse, tales como tu altura, el color de piel, una deformidad física, una discapacidad, rasgos faciales o la edad?

Si contestaste afirmativamente a cualquiera de estas preguntas, lo más probable es que estés luchando con la inseguridad en algún nivel. Si contestaste que sí a cinco o más, la inseguridad está instalada en tu vida. No desesperes; conquistarla no es imposible. Puedes romper su poder y convertirte en una persona emocionalmente segura. Ten paciencia. Comprende que este será un proceso más que un evento. Hay una adivinanza popular que pregunta: "¿Cómo se come un elefante?". La respuesta es: "Bocado a bocado". Y lo mismo pasa con la inseguridad. ¿Cómo se conquista? Temor a temor. Comencemos.

PARTE I

Los siete síndromes
de la inseguridad

Síndrome: *Un patrón de comportamiento distintivo*

El síndrome de Saúl

Justificar los celos

Cruel es la ira, e impetuoso el furor;
mas, ¿quién podrá sostenerse
delante de la envidia?

PROVERBIOS 27:4

EL REY SAÚL SE ENCONTRABA en un verdadero dilema. David, un advenedizo desconocido, había matado a Goliat, el gigante filisteo, y cada día conseguía más popularidad. De hecho, las mujeres literalmente cantaban sus alabanzas.

Aconteció que cuando volvían ellos, cuando David volvió de matar al filisteo, salieron las mujeres de todas las ciudades de Israel cantando y danzando, para recibir al rey Saúl, con panderos, con cánticos de alegría y con instrumentos de música. Y cantaban las mujeres que danzaban, y decían: Saúl hirió a sus miles, y David a sus diez miles. Y se enojó Saúl en gran manera, y le desagradó este dicho, y dijo: A David dieron diez miles, y a mí miles; no le falta más que el reino. Y desde aquel día Saúl no miró con buenos ojos a David (1 S.18:6-9).

Enojado y humillado por su canción, el rey Saúl se embarcó en una campaña para borrar a David de la faz de la tierra. El inseguro rey fue implacable en su persecución, participando en repetidos intentos por asesinar al joven inocente a quien ahora veía como rival para su trono (1 S. 18—26). El estilo de vida de David se volvió el de un fugitivo corriendo de un lugar a otro para escapar de la ira de Saúl.

¿Qué emoción consumía y alimentaba las acciones de Saúl? Eran celos a secas, no adulterados, el temor a ser desplazado. Lo consumían como el fuego. Estaba resuelto a no descansar hasta haber eliminado la amenaza de su reino.

Podemos aprender del ejemplo de Saúl. Cuando intentamos destruir a alguien a quien consideramos una amenaza de cualquier tipo —ya sea profesional, de relación o de otra índole— nos embarcamos en un camino que muy probablemente nos lleve a un callejón sin salida al cosechar los resultados de las semillas negativas que se plantaron. Saúl no consiguió matar a David. En cambio, él y todos sus hijos fueron asesinados en una batalla contra los filisteos (1 S. 31). Después, David se convirtió en rey de Israel de acuerdo con el plan soberano de Dios.

El plan soberano de Dios es un factor en nuestras vidas que debemos recordar constantemente para tenerlo en cuenta. Cuando los celos alzan su cabeza e intentan hacernos temer que vamos a ser desplazados de cualquier manera o en cualquier circunstancia, debemos aplastar esos pensamientos negativos con Salmos 139:16: "Mi embrión vieron tus ojos, y en tu libro estaban escritas todas aquellas cosas que fueron luego formadas, sin faltar una de ellas".

Sustentar mi suerte

Como la poderosa succión de una aspiradora, los celos pueden llevarnos a su recámara. Una vez allí, nos volvemos enojados, posesivos, temerosos y totalmente ineficaces. Hay dos verdades respecto de las cuales intento ser consciente cuando siento la tentación de los celos. En primer lugar, Dios me respalda. En segundo lugar, Él tiene un plan soberano para mi vida.

David conocía la clave para evitar esta trampa. Proclamó: "Jehová es la porción de mi herencia y de mi copa; tú sustentas mi suerte" (Sal. 16:5). He llegado a comprender que cuando Dios ha resuelto que algo es mío, no necesito sustentarlo, en el sentido de cuidarlo, por temor a que se escape. Esa es tarea de Dios, no mía. Mi responsabilidad es alimentar y disfrutar de la bendición diariamente en lugar de obsesionarme pensando si será mía mañana. Abrazar esta verdad puede liberarte de la ansiedad por lo desconocido. Por otra parte, cuando Dios, en su sabiduría, ha decidido que algo no debe ser mío, entonces debo someterme a su plan y dejarlo ir. Aferrarme a ello me mantendrá en el foso de la inseguridad mientras la cosa sigue eludiéndome. Desde luego, necesitaré la intervención sobrenatural de Dios para que me ayude a dejarlo ir, pero por lo menos sé que su gracia habilitadora está disponible para ello. Debo confiar completamente en Dios para que sustente lo que es mío. Cuando un hijo de Dios sucumbe al abismo de los celos, participa del último acto de incredulidad.

El temor a ser desplazado no conoce fronteras económicas, sociales ni políticas. Considere la historia de Norman McGowan:

> Sir Winston Churchill había ordenado que cada vez que regresara de un viaje en tren, su perro Rufus debía ser llevado a la estación para estar con él. A Rufus se le soltaría la cadena para que corriera hasta su amo y fuera el primero en saludarlo. Un día por casualidad yo estaba cerca de él. Rufus ignoró a su amo y en cambio vino saltando hacia mí. Por supuesto, Sir Winston amaba a Rufus demasiado como para culparlo. En cambio, me miró con una mirada dolida y dijo tranquilamente: "En el futuro, Norman, preferiría que te quedaras en el tren hasta que yo diga hola".[1]

EL CÓNYUGE CELOSO

"Pero", puede que digas, "yo no soy el celoso. ¿Cómo me enfrento a los celos de mi cónyuge?". Si estás comprometido a permanecer en tu relación, debes comprender la causa principal del temor que siente tu cónyuge a ser desplazado.

Veamos el caso de un hombre al que llamaré Kory. Es hijo ilegítimo de Ronald, un hombre altamente respetado en su comunidad por su riqueza e influencia. Ahora bien, la madre de Kory, Wanda, era íntima amiga de la esposa de Ronald. Cuando nació

Kory, Wanda estaba demasiado avergonzada por su traición como para revelar el nombre del padre de Kory. Sin embargo, cuando Kory llegó a la escuela secundaria, su madre le dijo la verdad acerca de su nacimiento. Para entonces, la esposa de Ronald se había separado de él y se había mudado a otro estado.

Kory me contó que un día estaba en el centro haciendo compras con Ronald cuando se toparon con uno de los amigos de Ronald, quien hizo un comentario sobre cuánto se parecían. El amigo inquisitivo siguió: "¿Es tu hijo?" Ronald se negó a contestar directamente y desvió la pregunta con una respuesta despreocupada. Kory se sintió morir. Tomó la respuesta de Ronald como un rechazo hacia él. Quería que su padre se sintiera orgulloso de reconocerlo. Kory nunca le dijo a Ronald cómo lo había afectado ese incidente. En cambio, prefirió ocultar su pena y mentalmente revivir el incidente en cada ocasión que tenía para poder sentir lástima de sí mismo. Hasta el día de hoy, Kory ha tenido problemas con cada mujer con la que ha intentado relacionarse románticamente. Su ex esposa me confió que durante su matrimonio él era sumamente celoso. Él incluso me confesó que con frecuencia sentía que las mujeres de su vida siempre acababan abandonándole. Kory permitió que un incidente destruyera su capacidad de confiar.

CÓMO TRATAR CON UN CÓNYUGE INSEGURO

Si estás tratando con un cónyuge inseguro, debes hacer todos los esfuerzos posibles para ser responsable. Es importante brindar voluntariamente detalles adecuados (léase: *adicionales*) a una persona insegura. Después de todo, está buscando reafirmación. Aprende a explicar tu paradero de una manera informal pero completa. Las respuestas cortas, monosilábicas, solo generan más inseguridad y dejan a la persona libertad para imaginar escenarios negativos. Después de todo, la persona celosa no tiene lo que se necesita para mantener la relación.

No cometas el error de pensar o decir: "No es complicado, solo necesitas vencer tu inseguridad". Si fuera tan fácil, ya lo hubiera hecho. Continúa orando para que esta mentalidad debilitadora se cure, pero haz tu parte de no exacerbar el problema con una comunicación vaga. Más que nada, alienta a tu cónyuge para que hable sobre sus temores. Escucha sin ser crítico ni emitir juicios. Aclara que tienes intenciones puras respecto a tu relación. Pero esto es algo importante a tener presente: manténte equilibrado en tu interacción. También debes dejar claro que no quieres verte forzado a ocupar una prisión emocional teniendo que dar cuenta de cada momento del día. Esto también podría exacerbar los celos y establecer expectativas irreales. La confianza es una calle de doble sentido.

Sabiduría en contraposición a inseguridad

Puede que algunas situaciones requieran que ejerzas un tipo de sabiduría que haga que los demás te acusen de ser inseguro. Por ejemplo, independientemente de cuán fiel sea tu esposo, puede que no sea una buena idea permitir que tu amiga pase el fin de semana en tu hogar con él mientras tú no estás. Conozco a una mujer que periódicamente permitía a su esposo llevar a su mejor amiga a casa tarde por la noche. Se sintió morir cuando más tarde descubrió que estaban teniendo una aventura. La sabiduría hubiera dictaminado que ella los acompañara —aún a riesgo de parecer insegura.

Una vez le pregunté a la esposa de un pastor muy popular, conocido internacionalmente, si ella acompañaba con frecuencia a su marido en sus numerosos compromisos de disertación en diversas ciudades y países. Ella respondió con resolución: "Hay que hacerlo". Por supuesto, esto no quiere decir que los hombres de la iglesia nunca tengan que viajar solos. Esta fue simplemente la manera de una mujer de ser una salvaguarda visible para su esposo.

Ahora bien, puedes decir que si tiene que producirse una aventura amorosa, sucederá de todos modos. Simplemente debes saber que, una mujer sabia, no le sirve a su marido otra mujer en bandeja de plata.

Reto a la confianza

- Describe una situación de relación, social o de otro tipo en la que temas sentirte desplazado.

- Escribe el pasaje bíblico que señalamos a continuación en un papel por separado o en una tarjeta, y medita sobre él con frecuencia.

"Mi embrión vieron tus ojos, y en tu libro estaban escritas todas aquellas cosas que fueron luego formadas, sin faltar una de ellas" (Sal. 139:16).

- Recuérdate a ti mismo que nadie salvo tú y Dios puede afectar su plan para tu vida.

El síndrome de Eliab
Mostrar envidia

Cruel es la ira, e impetuoso el furor; mas,
¿quién podrá sostenerse delante de la envidia?

PROVERBIOS 27:4

¿ALGUNA VEZ ESTUVISTE CERCA DE ALGUIEN que te recordaba lo que deberías, podrías o deseabas ser? ¿Te descubriste sintiendo resentimiento o juzgando injustamente a esa persona porque tú no habías tenido la fe, el valor, la disciplina o incluso la ocasión de perseguir tus propias metas? Si contestas que sí a la última pregunta, eres cautivo del monstruo de la envidia.

A diferencia de los celos, el temor a ser desplazado, la envidia es un sentimiento de maldad hacia los que poseen aquello que uno quiere. Es importante comprender esta diferencia. Los celos dicen: "Tengo miedo de que vayas a tener lo que tengo". Por otro lado, la envidia dice: "Quiero lo que tú tienes ¡y siento resentimiento hacia ti por tenerlo!" La envidia es una de las emociones que con frecuencia se oculta. Es más probable que una persona admita que tiene un temperamento incontrolable, una fobia o cualquier otra emoción negativa a que reconozca que es envidiosa.

La envidia puede forzarte a un ciclo de resentimiento e inseguridad al comenzar a preguntarte qué hay en ti que impide que obtengas lo que deseas. Tu descontento con tu situación se convierte en el caldo de cultivo para la inseguridad y sus pensamientos debilitantes: "No mereces tener eso"; "No tienes la belleza, la inteligencia, el cuerpo, la personalidad, el estatus social, los contactos o *lo que sea* para siquiera soñar con algo así". Tener pensamientos tan negativos puede dejarte chamuscándote en el desierto de la envidia y ansiando solo una gota de las bendiciones que parecen caerles como lluvia a los demás.

La envidia puede forzarte a un ciclo de resentimiento e inseguridad al comenzar a preguntarte qué hay en ti que impide que obtengas lo que deseas.

Debes detener de inmediato tu tren de pensamientos y abordar la realidad de que siempre habrá alguien dentro de tus diversos círculos de relaciones que gozará de una ventaja que tú deseas. No caigas en la trampa de creer que la vida de alguien es perfecta solo porque tiene algo que tú quieres tener. La vida es mucho más compleja que eso. Todos tienen al menos un aspecto de su existencia que querrían que fuera diferente. Confía en mí, hay alguien en tu círculo que te envidia por algo que tú posees. Ora por una valla de protección que rodee tus emociones para que la envidia no te arrastre a un pozo de inseguridad y resentimiento hacia los demás.

ENVIDIAR LA CONFIANZA

Después de echar al rey Saúl por su desobediencia al ofrecer un sacrificio no autorizado, Dios envió a Samuel el profeta a ungir a un nuevo rey para la nación de Israel. Lo dirigió a la casa de un hombre llamado Isaí, que tenía ocho hijos varones. En el momento en que Samuel puso los ojos en Eliab, el hijo mayor, fue "rey a primera vista". No podía ocultar su entusiasmo por la aparente elección:

> Y aconteció que cuando ellos vinieron, él vio a Eliab, y dijo: De cierto delante de Jehová está su ungido. Y Jehová respondió a Samuel: No mires a su parecer, ni a lo grande de su estatura, porque yo lo desecho; porque Jehová no mira lo

que mira el hombre; pues el hombre mira lo que está delante de sus ojos, pero Jehová mira el corazón (1 S. 16:6-7).

La apariencia alta y bella de Eliab lo hizo parecer adecuado para una posición encumbrada. Su presencia de rey incluso había persuadido a Samuel, un hombre de Dios ungido, juicioso y maduro que literalmente creció en la iglesia. Sin embargo, Dios, siendo omnisciente, vio algo en el corazón de Eliab que lo descalificaba para el puesto principal de la nación. Siete de los hijos de Isaí pasaron frente a Samuel para su consideración. Por supuesto, nadie sabía que Samuel tenía la tarea secreta de ungir a un nuevo rey. Solo sabían que alguien iba a ser ungido para algo especial. Dios los rechazó a todos.

Entonces dijo Samuel a Isaí: ¿Son estos todos tus hijos? Y él respondió: Queda aún el menor, que apacienta las ovejas. Y dijo Samuel a Isaí: Envía por él, porque no nos sentaremos a la mesa hasta que él venga aquí. Envió, pues, por él, y le hizo entrar; y era rubio, hermoso de ojos, y de buen parecer. Entonces Jehová dijo: Levántate y úngelo, porque este es" (1 S. 16:11-12).

Imagina los pensamientos que deben haber inundado la mente de Eliab a estas alturas. "Bien, ¿qué pasa, Señor? Yo soy el hijo mayor. ¡Pensé que era mi derecho de primogenitura ser el primero en la línea para recibir el lugar de honor o cualquier otro beneficio selecto!" Eliab tuvo que soportar la frustración y la humillación de ser rechazado en favor de su hermano menor. El rechazo produce de hecho un enojo que con frecuencia se dirige al *elegido* y no al que *rechaza*. Con frecuencia vemos esto cuando una mujer encuentra a su hombre con otra mujer. Ella dirige su venganza hacia la mujer inmoral. Una pelea subsiguiente

El rechazo produce de hecho un enojo que con frecuencia se dirige al elegido y no al que rechaza.

entre ellas es lo habitual mientras el hombre se queda de pie mirando, a veces con deleite.

Eliab, sin duda, albergaba sentimientos de resentimiento hacia David. El resentimiento es simplemente un enojo no resuelto que se "reenvía" al interior. Por desgracia, una vez que se permite que el resentimiento entre en el corazón, éste actúa como un radical libre que produce un cáncer emocional. Finalmente se manifestará de alguna manera destructiva, ya sea comiendo demasiado, comprando en exceso, atacando violentamente, siendo sarcástico o lastimando físicamente a los demás.

Cuando una persona insegura se encuentra con alguien que es confiado, con frecuencia lo acusa de ser arrogante o presumido.

La envidia de Eliab y su resentimiento llegaron al extremo cuando Israel estaba en guerra con los filisteos. Isaí envió a David al campo de batalla para llevar alimentos y otros elementos necesarios para sus hermanos que estaban en el ejército del rey Saúl. David se indignó, con razón, cuando llegó y oyó acerca de Goliat, el gigante filisteo, que se mofaba de los israelitas y los intimidaba.

Entonces habló David a los que estaban junto a él, diciendo: ¿Qué harán al hombre que venciere a este filisteo, y quitare el oprobio de Israel? Porque ¿quién es este filisteo incircunciso, para que provoque a los escuadrones del Dios viviente? Y el pueblo le respondió las mismas palabras, diciendo: Así se hará al hombre que le venciere. Y oyéndole hablar Eliab su hermano mayor con aquellos hombres, se encendió en ira contra David y dijo: ¿Para qué has descendido acá? ¿y a quién has dejado aquellas pocas ovejas en el desierto? Yo conozco tu soberbia y la malicia de tu corazón, que para ver la batalla has venido. David respondió: ¿Qué he hecho yo ahora? ¿No es esto mero hablar? (1 S. 17:26-29).

¿Has advertido alguna vez que cuando una persona insegura se encuentra con alguien que es confiado, con frecuencia lo acusa de ser arrogante o presumido? De todos los hombres presentes, ¿por qué Eliab fue el único que reaccionó tan vehementemente a las declaraciones de David? David no había tenido un comportamiento que incitara a la envidia de los demás, ni intentó abochornar a Eliab de ningún modo. De hecho, las preguntas de David ni siquiera estaban dirigidas a su hermano. Así, toda la vergüenza que sintió Eliab fue autoimpuesta.

Al ahondar un poco más en las Escrituras, podemos comprender la raíz de su problema. Eliab era alto y físicamente fuerte. Y si bien parecía preparado para luchar contra el gigante, huyó de él como lo habían hecho todos los demás. Eliab sintió la presión de su hermano menor demostrando la confianza y el valor que él había eludido. Para empeorar las cosas, su nombre significaba "Dios (El) es mi padre (ab)". Al meditar sobre esta historia, un pensamiento vino a mi mente: "Él está usando el nombre, pero dejando a Satanás que haga su juego".

Ahora bien, antes de que juzguemos a Eliab, mirémonos al espejo. ¿Cuántos de nosotros estamos usando el nombre "hijo de Dios", pero dejamos que Satanás haga su juego al permitir que el gigante de la inseguridad controle nuestras vidas?

En contra de la acusación de Eliab, David no era petulante, sino que estaba convencido de que Dios honraría su pacto con los israelitas de protegerlos y de vencer a sus enemigos. Eliab envidiaba la confianza de David. Y, según la manera característica de una persona insegura, intentó menospreciar a la persona que envidiaba, incluso a un pariente de sangre.

ENVIDIA FAMILIAR

Tal vez formes parte de una familia en la que, por omisión, eres el OJF (oficial en jefe de la familia) y, por lo tanto, el designado para resolver los problemas. Ese es mi papel. Y, como yo, tú probablemente hayas tenido la experiencia de que otros miembros de la familia se hayan sentido molestos por tu capacidad para hacerte cargo de una situación. La verdad del asunto es que ellos envidian tu confianza al enfrentar temas de forma directa y tu capacidad para pensar con claridad, sobriedad y objetividad al resolverlos.

Hace unos pocos años, falleció un tío anciano y dejó su patrimonio modesto a mi madre enferma, que era su albacea. Su testamento estipulaba que yo iba a ser la albacea en caso de que mi madre no pudiera realizar los deberes necesarios. De hecho, cuando él falleció, ella era emocionalmente incapaz de hacerse cargo de todas las tareas que implican el cierre de una propiedad. ¡Ah, el drama familiar que siguió! Nunca experimenté un alejamiento tal de los parientes con los que siempre había tenido unas relaciones maravillosas. Discusiones sobre mí abundaron en distintas reuniones familiares. "¿Por qué ejerce ella tanta autoridad?" "¿Quién la dejó a cargo?" "¡Ella se cree más inteligente que todos los demás!" Bueno, incluso tuve que librar una batalla legal con un pariente sin escrúpulos que impugnó el testamento. Bajo circunstancias diferentes, todos mis parientes hubieran reconocido que yo, una profesional financiera con años de experiencia, era la persona más cualificada para manejar el destino de los bienes. Sin embargo, no hay nada como unos pocos activos como para sacar lo peor de una familia. Al mirar hacia atrás, me maravilla la gracia que Dios me otorgó para soportar todas las críticas negativas sin desarrollar resentimiento. Para cuando las propiedades estaban listas, después de numerosas apariciones en los tribunales, un papeleo interminable, abogados incompetentes y muchas otras frustraciones, todos se sentían aliviados de que yo hubiera sido elegida para manejar estos asuntos.

Si actualmente estás atravesando una situación en la que a los demás les molesta tu experiencia, comprende que tú no eres el problema. Tu familia, amigos, compañeros de trabajo, u otros

> *Recuerda que el alejamiento es con frecuencia el precio que uno paga por su distinción.*

detractores simplemente están respondiendo a su propio sentido de falta de competencia. Tu mera existencia y todo lo que representas supone una amenaza para ellos. Reconoce y busca comprender su inseguridad y haz un intento razonable por incluirlos en el proceso de la toma de decisiones, cuando sea posible. Lo más importante: mantén una actitud positiva, humilde. Toma la decisión consciente de perdonarlos de inmediato si ellos te critican. Esto se llama vida. Es el precio que se paga por ser la persona competente y confiable que se ha planeado que seas. Recuerda que el alejamiento es con frecuencia el precio que uno paga por su distinción.

MENOSPRECIAR A LOS DEMÁS

Alguien dijo una vez: "Ningún hombre es un fracaso total hasta que empieza a detestar a los hombres que tienen éxito". Yo estoy totalmente de acuerdo. Tengo dos conocidas, a quienes llamaré María y Sara, que son empresarias del mismo negocio de servicios. Sara es muy profesional, brinda un excelente servicio al cliente y es sumamente atenta al enviar tarjetas de cumpleaños a los amigos y socios del negocio. Un día le resalté a María la maravillosa persona que era Sara. Su respuesta me pasmó: "Sabes que tuvo una aventura amorosa, ¿no?" Supe de inmediato que su comentario partía de un corazón envidioso. Ya sabes, Sara tenía una gran reputación entre todos sus clientes, mientras que los asuntos de María siempre parecían estar preñados de malos entendidos y conflictos. Siendo la persona tímida que (¡no!) soy, le pregunté: "¿Por qué me dices eso? ¿Quieres que piense mal de ella?" Por supuesto, María negó que esa fuera su intención. Dijo: "No, solo pensé que debías saber eso ya que todos piensan que Sara es muy inocente". ¿Quién estableció que fuera María la que tenía que corregir la percepción que las demás personas tenían sobre Sara?

Irónicamente, Sara ya me había hablado de su remordimiento por haber tenido un romance y me comentó que ya había hecho las paces con Dios respecto a ello. Sin embargo, María era demasiado envidiosa e insegura como para permitir que cualquier elogio fuera a parar a su competidora. Evidentemente, creía que un cumplido dirigido a Sara era un golpe contra su valoración. Eso es escasez de pensamiento, como poco. El arzobispo Charles Blake dice con frecuencia: "Su candelero no disminuirá si enciende la vela de otra persona". Debemos volvernos reales acerca de nuestra motivación al hacer comentarios desdeñosos de los demás. Una cosa que he aprendido es a ser sincera conmigo misma. David nos recuerda en Salmos 51:6 que Dios desea la verdad en "lo íntimo". Allí es donde comenzará la sanación: en los huecos profundos del corazón.

Hay muchos aspectos en la vida de otra persona que podríamos envidiar. Si estás listo para ser verdadero en lo íntimo, revisa la lista que está más abajo y considera sinceramente si hay una persona en especial a quien envidias debido a una o más ventajas o posesiones enumeradas. Al nombrar el blanco de tu envidia, recuerda cómo has interactuado con esa persona o tratado con ella en el pasado. ¿Hiciste alguna vez comentarios críticos sobre ella? Ahora, usando una escala del uno al diez, siendo diez el más alto, da un paso más y califica tu nivel actual de contento en cada una de las áreas correspondientes de envidia potencial.

Área de envidia potencial	Mi nivel de contento
	(1-10)
Seguridad financiera	_____
Logros profesionales	_____
Inteligencia/Educación	_____
Atractivo físico	_____
Juventud/Vitalidad	_____
Confianza/Afirmación	_____
Lugar de residencia	_____
Estado civil	_____
Posición social/Popularidad	_____
Hijos exitosos	_____
Ser "privilegiado" o favorecido	_____
Sofisticación/Gusto	_____
Otros: _____	_____

Al completar este ejercicio, puede que hayas advertido rápidamente que cuanto más alto es tu nivel de satisfacción en un área determinada, menos probable es que sientas envidia respecto a esa área. El objetivo de este ejercicio es el de comenzar a hacer que tu envidia trabaje para ti como una fuente de revelación y motivación. La pregunta clave que deberías hacerte es: ¿Está dentro de lo *posible* que yo obtenga lo que me causa envidia? La envidia se ve reforzada si sientes que nunca podrás lograr lo que codicias. Considera como *imposibles* cosas tales como crecer en altura, estar casado con el cónyuge de otra persona, cambiar de padres, y demás. Si no es posible obtener lo que deseas, entonces dispónte de corazón a aceptar el plan de Dios para tu vida. Si lo codiciado es posible, hazte la siguiente pregunta: ¿Estoy dispuesto a pagar el precio para obtenerlo? Hay un dicho popular: "Nadie da nada por nada". Todo —excepto la salvación— tiene una etiqueta con el precio. Ya se trate de ser delgado, rico, culto, o lo que sea, lo mejor que puedes hacer es dejar de envidiar e ir hacia los que poseen lo que tú deseas. Descubre el secreto de su éxito. Diles cuánto les admiras. De hecho lo haces. ¡La envidia es una admiración negativa! Descubrirás que la mayoría de la gente se sentirá halagada y responderá positivamente a tu interés.

Reto a la confianza

- Dentro de las siguientes semanas, busca a alguien al que hayas envidiado. Invítalo a almorzar o a cenar en tu restaurante favorito (no te olvides de pagar la cuenta) solo para "sacarle ideas" acerca de un área en la que sobresalga. Si no está inmediatamente disponible, niégate a percibir su respuesta como un rechazo personal. Recuerda: estás venciendo tu inseguridad. Ten paciencia. Persevera.

El síndrome de Amán

Buscar significancia

Alábete el extraño, y no tu propia boca;
el ajeno, y no los labios tuyos.

PROVERBIOS 27:2

¿ESTÁS ATRAPADO EN TUS PROPIAS POSESIONES? ¿Te has rodeado de cosas que crees que los demás valorarán mucho? Esto sería una recompensa normal para muchas personas inseguras. En muchos casos, no pueden darse el lujo de su inversión. Para colmo, según su nivel de inseguridad, incluso pueden alardear de estas posesiones. Las personas que alardean de sus logros o posesiones con frecuencia dudan de ser aceptadas por su propio valor personal. Por lo tanto, creen que deben desviar la atención de las personas hacia algo o alguien que están seguros que para los demás será impresionante.

Esa fue la situación de Amán. El rey Asuero lo había nombrado primer ministro, haciendo que Amán fuera el segundo hombre más poderoso de toda Persia. Tenía todo lo que un hombre podría desear: familia, amigos, favores, fama y hasta fortuna. Su ascenso a esta posición próspera, sin embargo, no curó su baja autoestima y su persistente inseguridad. Alardear se convirtió en la norma en sus conversaciones, incluso en su hogar con su familia. Fíjate en la conversación al final del día con su esposa y amigos.

Y les refirió Amán las glorias de sus riquezas, y la multitud de sus hijos, y todas las cosas con las que el rey le había engrandecido, y como lo había honrado elevándolo por encima de los príncipes y siervos del rey. Y añadió Amán: También la reina Ester a ninguno hizo venir con el rey al banquete que ella dispuso, sino a mí (Est. 5:11-12).

Yo. Mi. Mío. Fíjate en la conversación ensimismada de Amán. Todo trata de él. El hombre prosperó con el reconocimiento y el poder que le daba su posición. He advertido el extremo egocentrismo y la falta de naturalidad de los que vincularon su seguridad interna a sus "cosas". Al igual que Amán, sus conversaciones giran solo en torno a las cosas que los afectan. Tristemente, su alardeo reveló su búsqueda de significancia. Pero la historia se vuelve peor.

El rey Asuero había ordenado que todos se postraran ante la presencia de Amán. Todos. Sin embargo, cuando un judío insignificante, Mardoqueo, se negó a hacerlo, Amán se enojó tanto que comenzó a tramar no solo la muerte de Mardoqueo, sino también la aniquilación de todos los judíos. Decidió hacer un viaje especial al palacio para obtener el permiso del rey para poner en práctica su plan.

Sin embargo, al llegar al palacio no tuvo la oportunidad de hacer su solicitud. El rey estaba en un asunto apremiante que necesitaba de la atención de Amán. Por cosas del destino, Asuero no había podido dormir la noche anterior y había decidido leer algunas de las crónicas de los eventos que habían sucedido durante sus 12 años de reinado. Leyó que Mardoqeo realmente le había salvado la vida al sacar a la luz la conspiración de dos hombres que tramaban asesinarlo. El rey nunca había expresado su agradecimiento a Mardoqueo, ni siquiera con una nota. Evidentemente un desacierto burocrático, pero providencial.

Entró Amán. Cuando el rey le preguntó qué haría por un hombre a quien deseara honrar, Amán supuso que el rey estaba hablando de él. Así que respondió:

> Para el hombre cuya honra desea el rey, traigan un vestido real que el rey haya usado y un caballo en que el rey haya cabalgado, y pongan en su cabeza una corona real; den luego el vestido y el caballo a alguno de los príncipes más nobles del rey, vistan a aquel hombre que el rey desea

honrar, llévenlo en el caballo por la plaza de la ciudad y pregonen delante de él: "Así se hará al hombre que el rey desea honrar (Est. 6:7-9).

En términos actuales, lo que Amán pedía era ser visto llevando puestas las ropas del rey, andando en el automóvil del rey, y acompañado por la compañía del rey. ¡Ah, cuán honrado se sentiría! Imagina todo el alarde que estos atavíos le permitirían.

A Asuero le encantó la idea. "Date prisa, toma el vestido y el caballo, como tú has dicho, y hazlo así con el judío Mardoqueo, que se sienta a la puerta real; no omitas nada de todo lo que has dicho" (Est. 6:10).

¿Qué? ¿Mardoqueo? ¡Amán se sentía mortificado! No se puede describir la humillación que sufrió mientras hacía desfilar a este judío insolente e insubordinado por la plaza de la ciudad pregonando su honra. Luego, corrió a su casa abatido y asqueado. Esta vez, cuando reunió a su esposa y a sus amigos para relatar los eventos del día, no alardeó sobre el inmediato banquete privado con el rey y la reina. Los acontecimientos habían sufrido un cambio extraño. Le advirtieron que, a la luz de los sucesos presentes, parecía como si sus días estuvieran contados.

En el banquete privado para el que Amán se había preparado a asistir, la reina Ester confesó sus raíces judías. Procedió a contarle a su esposo la confabulación de Amán para aniquilar a su pueblo. El rey ordenó que lo colgaran.

Ah, si Amán no hubiera sido tan inseguro como para necesitar el reconocimiento y la admiración de todos. Si hubiera ignorado a Mardoqueo y se hubiera enfocado en la gente que lo había honrado. Si le hubiera dado un valor intrínseco a su cargo. Si… si.

ATRAPADO

Amán no está solo en su búsqueda de ser importante a través de los adornos externos. Si bien muchas personas inseguras no recurren al alardeo de sus posesiones y contactos, con frecuencia invierten enormes cantidades de dinero en prendas de diseñador y otros atavíos. Dejan caer el nombre de las personas importantes que conocen para darse importancia. Su sentido de falta de adecuación es evidente hasta para un observador casual.

Ten cuidado de no ser muy dura al juzgar a Amán, porque sé que las personas que viven en casas de cristal no deben arrojar piedras. Hace muchos años vinculé mi valía a un Mercedes-Benz convertible de dos asientos realmente hermoso. Había vinculado intrincadamente ese auto a mi sentido de valoración. Para colmo, este pequeño y prestigioso dolor de cabeza estaba en el taller de reparaciones casi con tanta frecuencia como estaba en casa. Se convirtió en una verdadera fuente de roces entre mi esposo y yo al aferrarme a mi derecho a poseerlo. Después de todo, encajaba con la "imagen" que creía que los demás tenían de mí como profesional de éxito. ¡Dios no permita que conduzca un automóvil común! Aunque podía darme el lujo de tener el Mercedes y sus reparaciones que nunca terminaban, pensaba que era una mala administradora de los recursos que me había dado Dios porque el auto era muy caro de mantener. Sin embargo, no quería desilusionar las expectativas de los parientes y los amigos que vivían sus vidas a través de mí, de mis logros y de mis adquisiciones.

Finalmente, busqué al Señor para que quitara las escamas de mis ojos y me sanara de la inseguridad que estaba en la raíz de mi necesidad de tener este coche. Él respondió a mi oración a través de una factura de reparación ridículamente abultada que totalizaba varios miles de dólares y un ultimátum de mi esposo. Le vendí el auto al mecánico y no volví a conducir un Mercedes durante más de cinco años. Sabía que los Mercedes-Benz son famosos por mantener su valor y que eran una buena inversión bajo circunstancias normales, pero creo que Dios permitió que el auto fuera una espina en mis finanzas hasta que llegara al punto en el que no tenía que poseerlo para que la gente supiera lo que yo valía. Cuando decidí comprar nuevamente un Mercedes, la motivación fue puramente la de hacer una buena inversión. Este simple hecho hizo que las negociaciones para la compra fueran mucho más fáciles. Tuve la capacidad de abandonar el trato (¡y de hecho lo hice!) porque ya no tenía necesidad de una validación externa.

¿Qué pasa contigo? ¿Eres una víctima del "Síndrome de Amán"? ¿Sientes que tienes tan poco valor intrínseco que debes hacer un esfuerzo consciente para que los demás se centren en algún adorno externo que cause impresión? ¿Debes tener el automóvil del rey, el vestido del rey o las compañías del rey para sentirte importante? ¿Te sientes menos seguro sin ellos?

Reto a la confianza

- ¿Qué persona, posesión o posición has fusionado con tu sentido de la valoración?

- ¿Cómo verías tu vida sin ella o ello?

- Pídele a Dios que te dé la gracia para desconectarte emocionalmente de la necesidad de tener a esa persona o a esa cosa y te haga saber más allá de toda sombra de duda que tienes un valor independiente, inherente, simplemente porque Él te creó para un propósito soberano.

El síndrome de Diótrefes
Conservar la preeminencia

Diótrefes, al cual le gusta tener
el primer lugar entre ellos,
no nos recibe.

3 JUAN 1:9

¿ALGUNA VEZ TUVISTE la distinción de ser el "único", el "primero" o "uno de los pocos" individuos en lograr una meta en particular o en alcanzar un determinado nivel de éxito en tu entorno? Tal vez tengas una posición de honor o altamente estimada en tu iglesia, tu lugar de trabajo u otro escenario social. Puede que incluso cuentes con la reputación de ser el más habilidoso, reconocido o la persona más respetada en una disciplina en particular. Cualquiera que sea la situación, la vida sobre un pedestal puede ser una experiencia fuerte... hasta que viene alguien y amenaza con derribarte. La persona insegura recurrirá a casi cualquier medio para proteger su posición o para preservar su lugar de preeminencia.

LA INSEGURIDAD EN LA IGLESIA PRIMITIVA

El apóstol Juan estaba ansioso por difundir el evangelio y por reforzar a los nuevos cristianos. Le escribió y le pidió a Diótrefes, un líder de la iglesia del Nuevo Testamento, que permitiera que determinados ministros fueran a predicar a su iglesia. Diótrefes se negó de plano a la solicitud de Juan. Juan se sintió sumamente desilusionado con la respuesta de Diótrefes y le relató el incidente a su amigo Gayo en otra carta. "Yo he escrito a la iglesia, pero Diótrefes, al cual le gusta tener el primer lugar entre ellos, no nos recibe" (3 Jn. 1:9). Diótrefes estaba luchando contra el gigante de la inseguridad. Consideraba a los ministros viajeros como competidores que amenazaban su posición en la iglesia. Por lo tanto, no solo se negó a albergarlos, sino que también los calumnió con palabras maliciosas. Luego procedió a excomulgar a los miembros que deseaban recibirlos. Juan le advirtió a Gayo: "Amado, no imites lo malo, sino lo bueno. El que hace lo bueno es de Dios; pero el que hace lo malo, no ha visto a Dios" (v. 11).

Observa que Juan caracterizó la conducta de Diótrefes como "mala" y llegó a la conclusión de que no había "visto" a Dios. En otras palabras, no había discernido el propósito divino de Dios en el esquema de las cosas. Las acciones de Diótrefes eran malas en cuanto a que obraba con temor y no con fe. Para él, el desarrollo espiritual de la iglesia palidecía en comparación con su deseo de seguir siendo el preeminente en su entorno. No se detuvo a comprender que el favor, la promoción y el reconocimiento provienen de Dios.

LÍDERES INSEGUROS

La inseguridad en el liderazgo siempre ha sido una plaga para la iglesia. Los fariseos, un sector de los judíos que ponía el énfasis en el estricto cumplimiento de la ley, se encontraron en un dilema similar cuando Jesús entró en escena y comenzó a obrar milagros. Escuchemos lo que se dijo en una de sus reuniones del consejo.

"Entonces los principales sacerdotes y los fariseos reunieron el concilio, y dijeron: ¿Qué haremos? Porque este hombre hace muchas señales. Si le dejamos así, todos creerán en él; y vendrán los romanos y destruirán nuestro lugar santo y nuestra nación" (Jn.11:47-48).

¡Qué comentario tan triste! Estos líderes asustados, inseguros, estaban pugnando por mantener sus posiciones. A pesar de que habían leído sobre la venida del Mesías durante cientos de años, no reconocieron a Jesús como el cumplimiento de la promesa de Dios. Lo envidiaban tanto que pensaban que sería mejor matarlo. Incluso Poncio Pilatos, el gobernador romano que oyó su caso contra Jesús, sabía que "por envidia le habían entregado los principales sacerdotes" (Mr. 15:10).

Demasiados pastores viven con un temor constante a que sus miembros se vayan a otra iglesia o de que los líderes importantes obtengan demasiada popularidad. Algunos pastores, a fin de asegurarse lealtad, se rodean de gente que tiene pocas oportunidades de obtener alguna importancia fuera del ámbito de influencia del pastor. Otros tienen tanto miedo al abandono que imponen todo tipo de reglas onerosas diseñadas para mantener a la congregación bajo control. Una amiga mía una vez tuvo un pastor que rara vez le permitía tomarse vacaciones. Yo personalmente oí alardear a un pastor de que sus miembros nunca realizaban una compra importante sin consultarle. Recientemente leí los estatutos de una iglesia en los que el pastor requería que los que planearan ausentarse durante un período extenso de tiempo colocaran sus diezmos en una cuenta de custodia para que su ausencia no afectara financieramente a la iglesia. Lo que me sorprende de este tipo de situaciones es que las personas continúen siguiendo a esos líderes. Me hace preguntarme acerca de su estado espiritual y mental.

Ser siervo es la pérdida de la libertad personal, mientras que servir es elegir personalmente estar al servicio de los demás.

Los seguidores deben comprender la diferencia entre ser siervos y servir. Ser siervo es la pérdida de la libertad personal, mientras que servir es elegir personalmente estar al servicio de los demás. Cuando los feligreses no comprenden esta diferencia, se disponen al maltrato pastoral. Pero ten presente esto: la libertad inherente del que sirve no niega la sumisión adecuada a los que Dios ha puesto sobre él para que cuiden su alma. El Espíritu

Santo te hará saber cuándo la relación se vuelve disfuncional. Él también te puede dar el valor para fijar los límites apropiados.

Irónicamente, el comportamiento controlador de un pastor con frecuencia conduce justo a lo que él está intentando evitar. Así, el lamento de Job se convierte en la profecía autocumplida del pastor: "Porque el temor que me espantaba me ha venido, y me ha acontecido lo que yo temía" (Job 3:25). Los pastores deben tener cuidado. Aquellos que controlan a su congregación o a los líderes de esa manera han tenido éxito al rodearse de un grupo de individuos disfuncionales que nunca tendrán el coraje de expresar ideas vanguardistas, tomar la iniciativa, desafiar las incoherencias y hacer que los pastores sean responsables. Los seguidores simplemente realizarán sus tareas de una manera concienzuda y esperarán las instrucciones del pastor en cuanto a qué hacer después. ¿Por qué? Porque el pastor les ha enseñado que el pensamiento objetivo e independiente no es deseado ni recompensado. Esos hombres que dicen que sí a todo pueden parecer incuestionablemente leales, pero en la raíz de su obediencia ciega está la inseguridad. Están derivando su valoración propia al hecho de estar asociados con el pastor y ser aceptados por él.

Además, que un pastor promueva la fe todos los domingos pero luego viva con temor a perder el control o a perder a los miembros es llanamente una hipocresía y una publicidad falsa. ¿Dónde está su Dios, el cual está a cargo de su destino?

Un ejemplo moderno

Mi esposo y yo tuvimos el maravilloso privilegio de estar bajo el liderazgo pastoral del difunto doctor H. Marvin Smith en la West Adams Foursquare Church en Los Ángeles, California. El pastor Marvin fue uno de los hombres de Dios más seguros que conocí en mi vida. Se rodeó de varios ministros sumamente capaces, incluyendo a su esposa, la difunta doctora Juanita Smith. Nunca se sintió intimidado por ninguno de ellos, aunque algunos eran más carismáticos y atractivos en su estilo de predicación. Él creía, y con frecuencia decía, que era pastor por la voluntad soberana de Dios, punto. No vivía con miedo a una rebelión, división de la iglesia u otras amenazas comunes que provocan en los pastores tanta ansiedad. De hecho, usaba a su personal ministerial para que le ayudara a equilibrar su vida. A pesar de su amor por su congregación y su ampliamente reconocido "corazón de pastor", el pastor Marvin tomaba frecuentes vacaciones con su familia a lugares lejanos y cercanos. Decía: "Estoy enviando mi amor en mi ausencia". La iglesia nunca perdía nada, ya fuera financiera o espiritualmente. Dejó un legado de cómo mantener en perspectiva un ministerio y cómo hacer que un matrimonio siga siendo firme. Nos enseñó que nuestra devoción a Dios debía estar en primer lugar en nuestras vidas, y que la familia, y no la iglesia, debía ser nuestra siguiente prioridad. Merece tener su retrato en el diccionario al lado de la palabra "seguro".

PRIMERAS DAMAS INSEGURAS

Un tratamiento de los pastores inseguros no estaría completo sin abordar la inseguridad que asola a las esposas de los pastores o "primeras damas", como se las llama afectuosamente en los círculos religiosos. Por desgracia, toda primera dama vive en la típica pecera, donde ojos críticos o pertinaces evalúan constantemente cada uno de sus actos. La perfección es con frecuencia la expectativa pero nunca la realidad. Los coqueteos de feligresas femeninas poco sabias, hambrientas de atención masculina, pueden causarle a la primera dama una gran ansiedad. Además, la ingenuidad o la negación del pastor de sus intenciones no santas solo exacerban su inseguridad. Mientras tanto, se espera de ella que sea un ejemplo de paz, alegría y confianza inmutable a pesar de las circunstancias. ¿Cómo puede manejarlo? Piensa en el siguiente consejo.

Ella debe hacer su trabajo. Debe ocuparse de las cosas de la casa y dejarle el resto a Dios. En lugar de que su principal prioridad sea la tradicional supervisión del departamento de mujeres u otro sitio auxiliar en la iglesia, el principal objetivo de la primera dama debe ser ministrar a su marido. Esto significa ser su amante, su admiradora y su principal apoyo. Crear una atmósfera en el hogar al que él ansíe retornar cada día es un deber. La comunicación directa y sincera (en contraposición a estar de mal humor y hacer pucheros) y expresar los límites y deseos con claridad son todas conductas devotas que salvaguardan contra temas candentes que pueden erosionar las relaciones. Por supuesto, la buena comida es importante también. El pastor no debería tener que esperar siempre a que las mujeres de la iglesia le preparen su plato favorito.

No debe demostrar sospecha de cada mujer atractiva de la iglesia. En mi investigación para este libro, hablé con mujeres talentosas y atractivas que literalmente juraron que nunca habían demostrado una conducta que indicara motivos impuros hacia su pastor. Sin embargo, la esposa del pastor las apartó y las pintó con el mismo pincel grueso de la sospecha ganado por otras mujeres con deseos deshonestos hacia el pastor. Que la primera dama sospeche del motivo de cada mujer con la que se relaciona su esposo es una clara evidencia de que está permitiendo que un espíritu de temor reine en su vida.

Debe orar. Puesto que el temor, el caldo de cultivo de la inseguridad, de hecho es un espíritu, solo puede conquistarse con armas espirituales. La oración es la más poderosa del arsenal. La primera dama debe orar para que Dios le revele a su esposo las mujeres que tienen motivos impuros y para que él tenga la sabiduría de minimizar o eliminar su contacto con ellas. Y sí, también tiene que orar para que esas mujeres sean salvas y aprendan a servir a Dios con un corazón puro. Debe decidir con discreción devota cuándo, o si, debe comentarle al pastor sobre las hermanas que son el objeto de sus oraciones. Ella debe creer en que Dios responderá a sus oraciones y cambiará sus corazones o hará que se vayan. Este es el increíble poder de la intercesión; el intercesor funciona como un agente secreto. Las mujeres por las que se ora pueden no saber nunca por qué han cambiado sus mentalidades o sus afectos; simplemente empiezan a pensar y a sentir de forma diferente porque Dios ha realizado un trabajo interior.

Mi amiga Billie Rodgers es una primera dama increíble. Ora específicos pasajes de las Escrituras por su esposo, Jim, a diario. Ella afirma que su intercesión es hacer un uso mucho mejor de su tiempo y energía que intentar averiguar quiénes pueden tener deseos deshonestos hacia su esposo.

La primera dama también debe orar para que Dios sane las heridas, las expectativas no cumplidas y otras experiencias que la han llevado a este estado de inseguridad.

Debe ser benevolente. Como receptora de la gracia de Dios, la primera dama debe continuar siendo benevolente incluso con los que no le desean el bien. Puede llegar un momento en que ella tenga que hablar directamente con una mujer sobre lo impropio de su comportamiento. Aun así, Dios le dará las palabras correctas para que tengan el impacto adecuado. Conozco a la esposa de un pastor que con frecuencia participaba en algunas confrontaciones desagradables con otras mujeres sobre sus coqueteos con su esposo. Se creó la reputación de ser insegura. Todos debemos recordar que nunca hay una excusa aceptable para el comportamiento no devoto. El apóstol Pablo advirtió a los filipenses: "Solamente que os comportéis como es digno del evangelio de Cristo" (Fil. 1:27). Por supuesto, tener gracia en estas circunstancias requiere más que una mera determinación o una fuerte resolución; se debe tener la capacitación sobrenatural del Espíritu Santo. Finalmente, la primera dama no debe esperar hasta sentir emociones positivas antes de extender gracia hacia dichos coqueteos. Como Nike, el fabricante de ropa deportiva, exhorta: "¡Simplemente hazlo!". La emoción deseada seguirá al comportamiento.

La iglesia es el único lugar donde el campo de juego se nivela sin tener en cuenta la educación, la posición social u otras medidas mundanas.

HOMBRES SEGLARES INSEGUROS

La inseguridad es legendaria entre los seglares. Sí, las manipulaciones para conseguir posición, reconocimiento y favor ante el pastor suceden en todas las iglesias. Simplemente observa la respuesta de los líderes seglares existentes cuando ingresan nuevas personas al entorno y expresan su deseo de ponerse a trabajar en el reino de Dios. Su reacción muy probablemente es de sutil rechazo, alejamiento en silencio o resentimiento directo en lugar de abrazar cálidamente las habilidades y los talentos del recién llegado.

¿Por qué hay tanta contienda en esta área? Encontramos la dolorosa respuesta en la realidad de que la iglesia es el único lugar donde el campo de juego se nivela sin tener en cuenta la educación, la posición social u otras medidas mundanas. ¿A dónde más puede ir una persona, que es de poca importancia a los ojos del mundo, y lograr honor o reconocimiento de un buen número de personas? Esto no es de ningún modo una humillación, ya que de hecho la iglesia debe ser un lugar donde el pedigrí de uno y la posición social sean irrelevantes. Muchas de las personas con las que Jesús se relacionó no tenían estatura en su sociedad. Sus discípulos eran personas comunes: pescadores, por ejemplo, y hasta un recaudador de impuestos. Creo que la iglesia, entre sus otros propósitos, fue hecha para ser la gran igualadora.

Muchas veces en la iglesia hay líderes arraigados que ocupan posiciones de honor simplemente por sus años de fidelidad al ministerio o a sus tareas asignadas, a pesar de que pueden ser ineficaces en su desempeño. Preservar su preeminencia, en lugar de promover el reino de Dios, se convierte en su pasión. Ellos ven a los trabajadores nuevos con talento como una amenaza y esto puede ocasionarles mucha ansiedad. En muchos casos, estos miembros leales se convierten en obstáculos para el ministerio efectivo al espantar o desalentar a los nuevos trabajadores. Muchas veces son desenfrenadamente alentados por el pastor, el cual es demasiado inseguro para arriesgarse a perder su lealtad.

ÚNICO HEREDERO DE TU DESTINO

Aprendí una verdad que me cambió la vida cuando ayudé a una amiga que tenía un juicio por un testamento impugnado. El fallecido había declarado en su testamento que mi amiga iba a ser la única heredera de sus bienes. Cuando se le preguntó a la parte que impugnaba el testamento por qué lo hacía, contestó: "No es justo que una sola persona se beneficie cuando hay tantos otros parientes". Después de numerosas audiencias en los tribunales, el juez que validaba el testamento emitió una sentencia favorable para mi amiga y le otorgó los bienes, de acuerdo a la voluntad del fallecido. Mientras reflexionaba sobre el resultado del caso, me di cuenta de una poderosa verdad. Cada uno de nosotros es el único heredero del destino que Dios ha dispuesto para nosotros. Nadie puede impedir su plan. Por supuesto, podemos enfrentarnos a la oposición de los que lo intentan, pero lo hacemos con la confianza de que la victoria ya es nuestra. La Biblia nos asegura: "Porque Jehová de los ejércitos lo ha determinado ¿y quién lo impedirá? Y su mano extendida, ¿quién la hará retroceder?" (Is. 14:27).

Cada uno de nosotros es el único heredero del destino que Dios ha dispuesto para nosotros.

Reto a la confianza

- Si te has encontrado temiendo la pérdida de tu preeminencia en una situación determinada, primero arrepiéntete por haber perdido la perspectiva del propósito de Dios para colocarte en tal posición; es decir, para su gloria, no para la tuya. En segundo lugar, descansa en el conocimiento de que Dios ha dispuesto soberanamente tu destino; no tienes que competir por él. Finalmente, resiste el impulso de competir contra otras personas por *sus* destinos. Relájate y sirve al Señor con alegría.

El síndrome de Aarón

Complacer a las personas

Pero yo y mi casa, serviremos a Jehová.

JOSUÉ 24:15

"¿DÓNDE ESTÁ MOISÉS?" Esa era la pregunta que estaba en la mente de cada persona que le había seguido en el éxodo judío desde la esclavitud en Egipto. Durante el viaje a la Tierra Prometida, Dios convocó a Moisés al monte Sinaí para darle instrucciones y mandamientos para el pueblo. La cosa es que Dios no le dijo a él ni al pueblo por cuánto tiempo se iría. Pasaron cuarenta días. La última vez que se vio a Moisés, desaparecía entre la neblina en su camino a la cima de la montaña. Dejó a Aarón, su hermano que complacía a la gente, a cargo.

Día a día, la multitud se inquietaba más. Alguien decidió que debía hacerse algo acerca de la ausencia de Moisés. Suponiendo que no iba a regresar más, el pueblo se acercó a Aarón.

Levántate, haznos dioses que vayan delante de nosotros; porque a este Moisés, el varón que nos sacó de la tierra de Egipto, no sabemos qué le haya acontecido. Y Aarón les dijo: Apartad los zarcillos de oro que están en las orejas de vuestras mujeres, de vuestros hijos y de vuestras hijas, y traédmelos. Entonces todo el pueblo apartó los zarcillos de oro que tenían en sus orejas, y los trajeron a Aarón (Éx. 32:1-4).

Así fue. Todo hecho. Aarón había apaciguado su impaciencia. Había hecho eso para llevarse bien con ellos. Advertirás en el relato de este suceso que Aarón no expresó la más mínima protesta. Su temor al pueblo le hizo claudicar muy rápidamente a su exigencia maligna de un dios. Cuando Aarón terminó de construir el becerro, la gente inició una celebración salvaje al adorarlo como su nuevo dios. ¡Pero espera! Aquí viene Moisés... y vaya si está enojado. Ve la fiesta salvaje y la adoración del becerro de oro. Está tan molesto que arroja al suelo y rompe en pedazos las tablas de piedra en las que Dios había escrito personalmente los Diez Mandamientos. Sin buscar ninguna explicación, "tomó el becerro que habían hecho, y lo quemó en el fuego, y lo molió hasta reducirlo a polvo, que esparció sobre las aguas, y lo dio a beber a los hijos de Israel" (Éx. 32:20). Ahora había llegado el momento de enfrentarse a su hermano.

Y dijo Moisés a Aarón: ¿Qué te ha hecho este pueblo, que has traído sobre él tan gran pecado? Y respondió Aarón: No se enoje mi señor; tú conoces al pueblo, que es inclinado a mal. Porque me dijeron: Haznos dioses que vayan delante de nosotros; porque a este Moisés, el varón que nos sacó de la tierra de Egipto, no sabemos qué le haya acontecido. Y yo les respondí: ¿Quién tiene oro? Apartadlo. Y me lo dieron, y lo eché en el fuego, y salió este becerro (Éx. 32:21-24).

Una historia muy convincente, Aarón.

APROPIARSE DE LA CONDUCTA

¿Alguna vez advirtió que las personas inseguras no son "dueñas" ni se hacen plenamente responsables de sus actos? Aarón sabía que había dado forma personalmente al becerro de oro con su buril, sin embargo mintió y sostuvo que el becerro salió del fuego misteriosamente. Su temor a no complacer a Moisés hizo que culpara al pueblo en lugar de admitir que él también había pecado al complacer sus exigencias.

Nadie que ocupe un cargo de autoridad puede darse el lujo de ser tan débil como para comprometer sus normas morales o sus convicciones personales para evitar ser poco popular o perder estima. La "enfermedad de complacer" de Aarón derivó en consecuencias desastrosas. Moisés ordenó a la tribu de los levitas que mataran a más de 3.000 personas rebeldes ese día, incluyendo a algunos de sus propios parientes. Luego, Moisés envió una plaga al pueblo para castigarlo más todavía. Años más tarde, tras la muerte de Moisés, Josué se convirtió en su sucesor y finalmente condujo al pueblo a la Tierra Prometida. Él no complacía a la gente. De hecho, advirtió seriamente a los israelitas, cuando se radicaban en el nuevo territorio, que se comprometieran firmemente a rechazar ídolos y a servir únicamente a Dios.

Y si mal os parece servir a Jehová, escogeos hoy a quién sirváis; si a los dioses a quienes sirvieron vuestros padres, cuando estuvieron al otro lado del río, o a los dioses de los amorreos en cuya tierra habitáis; pero yo y mi casa serviremos a Jehová (Jos. 24:15).

Josué no sentía temor al rechazo o a la desaprobación del hombre. Le hizo saber a la multitud en términos firmes que él no iba a complacer a nadie por el simple hecho de hacerlo.

EL TEMOR A ESTAR SOLO

Cuando avanzamos rápidamente hasta la época en que Jesús estuvo en la tierra, advertimos la misma actitud de complacencia prevaleciendo entre algunos de los líderes judíos que realmente creían que Jesús de hecho era el Mesías: "Con todo eso, aun de los gobernantes, muchos creyeron en él; pero a causa de los fariseos no lo confesaban, para no ser expulsados de la sinagoga. Porque amaban más la gloria de los hombres que la gloria de Dios" (Jn. 12:42-43). ¡Qué tragedia! Estos hombres tomaron una decisión consciente de elegir la aceptación por encima de la vida eterna. El pensamiento de alejamiento del grupo era más fuerte que lo que podían soportar. De acuerdo al afamado psicólogo Abraham Maslow, la aceptación es una de las necesidades básicas de los seres humanos. Sin embargo, cuando usurpamos la autoridad de Dios y decidimos que sea nuestra responsabilidad personal la que satisfaga nuestra necesidad de aceptación, somos propensos a tomar decisiones de relaciones que lo deshonran y frustran sus propósitos para nuestras vidas. Es inherente a la naturaleza del hombre querer relacionarse con otras personas. La sociedad castiga a quienes quebrantan la ley encarcelándolos y separándolos de sus relaciones cotidianas. Incluso en prisión, la forma más temida de castigo, aparte de la muerte, es el aislamiento. Algunos estados están tratando de prohibirlo por ser un castigo cruel y poco común. Dios mismo declaró: "No es bueno que el hombre esté solo" (Gé. 2:18). Está claro, Dios quiere que nos relacionemos con los demás. Sin embargo, nos enfrentamos con problemas cuando decidimos que debemos mantener una relación en particular, incluso al costo de violar los principios y mandatos de Dios o su plan para nuestras vidas.

PADRES INSEGUROS

Todas las figuras de autoridad pagarán un precio cuando no logren ejercer el amor disciplinado o tomar las decisiones difíciles apropiadas. Los padres especialmente deben estar alerta. Aquellos que temen el rechazo o la pérdida del afecto de un niño hacen concesiones con el objeto de complacer.

Lamentablemente, muchos son demasiado inseguros como para disciplinar a sus hijos porque quieren mantener su amistad. ¿Desde cuando el papel de un padre o de una madre incluye ser amigo de sus hijos? Si la mayoría fueran sinceros, admitirían que frecuentemente dicen que sí cuando deberían decir que no para compensar la falta de tiempo que dedican a sus hijos. Por supuesto, sabemos que al final, una inversión de tiempo de calidad produce una recompensa mejor a largo plazo que cualquier otra cosa que pueda hacer un padre o una madre.

Paradójicamente, los niños habitualmente acaban sintiéndose resentidos con un padre que funciona con ese tipo de inseguridad. Conozco a un hombre que ahora tiene más de 40 años y que lamenta que su madre soltera y sus hermanos mayores le consintieran dejándole ser irresponsable. Por supuesto, él era un maestro en manipularlos y en hacerlos sentir culpables cuando ellos intentaban negarse a sus frecuentes solicitudes de préstamos y otros favores. Sin embargo, él afirma que al dárselos, evitaron que se convirtiera en el hombre maduro que podría haber sido mucho antes en la vida. Su familia nunca tuvo el valor de ejercer el necesario amor disciplinado. Ahora él los culpa por ser una "flor tardía".

Reto a la confianza

- ¿Cuándo fue la última vez que concediste cosas a alguien a fin de evitar no complacerlo?

- ¿Qué temías exactamente? ¿Qué es lo peor que podría haber pasado si lo que temías hubiera sucedido?

- Piensa en un área en la que te gustaría ejercer un juicio dirigido por Dios en los próximos días. Planifica hacerlo sin temor a la repercusión. Recuerda que Dios tiene el control de cada aspecto de tu vida.

El síndrome de Ahitofel

Actuar o morir

¿Qué provecho tiene el hombre de todo su trabajo
con que se afana debajo del sol?

ECLESIASTÉS 1:3

DESARROLLÉ UNA IDENTIDAD BASADA EN EL DESEMPEÑO en la escuela primaria cuando aprendí que podía obtener mucha atención y elogios sobresaliendo en mis estudios. El aliento y el reconocimiento de mis maestros eran un fuerte contraste con el alboroto que invadía nuestro hogar. Hacer mi tarea era mi refugio y mi gratificación. Responder correctamente en clase aumentaba mi confianza, hacía que me apreciaran mis maestros y me ganaba la reputación de ser inteligente. Por supuesto, nunca me *sentí* inteligente. En cambio, sentía que Dios simplemente seguía haciendo excepciones por mí. Siempre oraba para que Él no se detuviera. No lo hizo; me gradué pronunciando el discurso de fin de curso de mi clase en la escuela secundaria. Actué bien todo el tiempo que pasé en la universidad, obteniendo honores y la admiración de la familia, los amigos, ex maestros y otras personas. Cuanto más duro trabajaba, más reconocimiento recibía. No fue hasta que me convertí en adulta que uno de mis mentores espirituales tuvo el valor de señalar que mi existencia basada en el desempeño no era ni buena ni devota. Pero para ese entonces, mi comportamiento estaba arraigado.

Después de que me convirtiera en una profesional establecida, juzgaba a todos por su ética en el trabajo y su capacidad de entender y sobresalir en su empleo. Tenía poca estima por los que miraban el reloj y por cualquiera que pareciera más interesado en socializar que en trabajar. Mi esposo y yo decidimos no crear un negocio juntos cuando vimos que nos sentíamos igualmente frustrados por el estilo de trabajo de cada uno. Cuando trabajábamos por las noches en proyectos conjuntos, él se iba a dormir cuando tenía sueño. Yo, por otro lado, sentía que uno no debía detenerse hasta que el proyecto estuviera terminado. Darnell es muy equilibrado en su enfoque de la vida, por eso mantiene el trabajo en perspectiva. Mis intentos de culparlo por el hecho de terminar el día de trabajo no tuvieron absolutamente ningún impacto. Yo sabía que iba a ser un reto vencer mi adicción al trabajo porque es una disfunción socialmente aplaudida. Lo usaba como una medalla de honor. Ni siquiera intenté abordar el problema durante varios años. Sin embargo, totalmente persuadida de que la liberación de toda esclavitud se halla en la Palabra de Dios, finalmente me dispuse a buscar un personaje bíblico cuya vida estuviera basada en el trabajo para ver de qué manera su conducta impactó en su vida.

Hacer o morir

Conozcamos a Ahitofel, el consejero del rey David. Dios lo había dotado para dar sabios consejos. De hecho, sus consejos eran tan buenos que "era como si se consultase la palabra de Dios. Así era todo consejo de Ahitofel" (2 S. 16:23). Imagina eso. Cuando Ahitofel aconsejaba, era como si Dios mismo hablara. ¡Qué gran recurso para cualquier equipo!

El hijo del rey David, Absalón, decidió preparar un golpe de estado para destronar a su padre. El rey tuvo que huir para salvar su vida. Para empeorar las cosas, Ahitofel desertó y se unió a la rebelión de Absalón. El rey David se sintió devastado al oír las noticias, puesto que sabía que ahora su hijo contaba con el mejor consejero posible. Oró seriamente: "Entorpece ahora, oh Jehová, el consejo de Ahitofel" (2 S. 15:31). Lamentablemente, Dios no pudo responder a esta oración, puesto que "irrevocables son los dones y el llamamiento de Dios" (Ro. 11:29). Dios no cambia de parecer una vez que ha dado un don; además, Él no iba a hacer que Ahitofel comenzara a dar malos consejos. Parecía como si Dios estuviera atrapado en un dilema divino. Después de todo, David era su rey elegido, un hombre de su corazón, un hombre que creía en su promesa de vencer a todos sus enemigos. ¿Qué debía hacer Dios? Por supuesto, sabemos que el Padre todopoderoso, omnisciente, nunca deja de tener una solución para cualquier problema.

El rey David decidió enviar a su amigo Husai a simular lealtad a Absalón para poder frustrar el consejo de Ahitofel. Por cierto, el plan funcionó. Cuando Absalón reunió a todo el consejo de estrategas, Ahitofel les aconsejó que inmediatamente persiguieran y mataran al rey David mientras estaba cansado y agotado. No había necesidad de asesinar a los soldados leales que lo habían seguido. Después de todo, cuando el pastor se va, las ovejas se dispersan (véase 2 Samuel 17:1-4). Deseando una segunda opinión, Absalón le preguntó a Husai qué pensaba del plan de Ahitofel. Husai se opuso a él y presentó una estrategia alternativa. El consejo la aceptó. Absalón y todos los hombres de Israel dijeron: "El consejo de Husai arquita es mejor que el consejo de Ahitofel" (2 S. 17:14).

Probablemente no haya peor humillación para alguien con una identidad basada en el desempeño que ser rechazado en favor de alguien con menos talento, habilidades o reputación.

Probablemente no haya peor humillación para alguien con una identidad basada en el desempeño que ser rechazado en favor de alguien con menos talento, habilidades o reputación. Sería como si una actriz conocida mundialmente perdiera un papel porque se lo dan a una estrella de segunda fila, o si una mujer hermosa fuera abandonada por una común y corriente.

Uno de los grandes peligros latentes de estar centrado en resolver problemas es que uno cree que el tiempo y el esfuerzo que se invierte en algo hace que se tenga la última palabra en determinados asuntos. Después de todo, uno literalmente se ha ganado su reputación. Se trabajó para ello. Ahora bien, cuando mantener tu reputación se convierte en la prioridad de tu vida, esto puede llevarte a tener un comportamiento bastante raro.

Ahitofel tenía la reputación de ser un hombre sabio, pero él se había convencido a sí mismo de que era el más sabio de todos. Que Absalón y su cohorte prefirieran el consejo del menos reputado Husai era más de lo que el ego de Ahitofel podía soportar. Se sintió degradado. Nunca podría volver a enfrentar a nadie; la vida, de repente, no tenía sentido. "Pero Ahitofel, viendo que no se había seguido su consejo, enalbardó su asno, y se levantó y se fue a su casa a su ciudad; y después de poner su casa en orden, se ahorcó, y así murió, y fue sepultado en el sepulcro de su padre" (2 S. 17:23).

Resulta interesante advertir que la estrategia que Ahitofel había recomendado a Absalón era la mejor. Sin embargo, no encajaba con el propósito de Dios para esta situación. "Jehová había ordenado que el *acertado consejo* de Ahitofel se frustrara, para que Jehová hiciese venir el mal sobre Absalón" (2 S. 17:14, cursivas añadidas).

Ahitofel no logró comprender que Dios tiene un tiempo y una razón para todas las cosas. Este no era el tiempo de su consejo. El propósito de Dios era destruir al enemigo del rey David. Absalón fue asesinado en un encuentro con el ejército de David. El rey reclamó su trono. Si Absalón hubiera aceptado el consejo de Ahitofel, la historia habría tenido un final diferente.

Bueno, creo que todos estamos de acuerdo en que el suicidio de Ahitofel fue una respuesta extrema. Sin embargo, su suicidio también es simbólico del acto de "muerte" que son propensos a cometer todos los que basan su vida en el desempeño cuando alguien menosprecia ese desempeño. La muerte en todas sus formas es separación. El mal humor, hacer pucheros, escaparse y replegarse son todas formas de separación o "suicidio de relaciones" que con frecuencia utilizamos para indicar nuestro descontento con alguien por no aceptar nuestra participación.

Cuándo decir "¡está bien!"

Bueno, ¿y qué si el consejo de Ahitofel no había sido mejor que el de Husai? No importa cuánto lo intentemos, al final acabaremos fallando en algo. Si no lo hiciéramos, no necesitaríamos al Espíritu Santo como nuestro ayudador.

Ah, si Ahitofel hubiera tenido la seguridad emocional de simplemente decir "¡está bien!" al rechazo de su consejo. Tener razón era su manto de seguridad, y ahora le había sido duramente arrancado sin consideración ni respeto por su bien ganada reputación. Pero, ¿suicidarse? Nada debería ser tan importante. Una cosa que aprendí en el transcurso de mi carrera es a decir "¡está bien!" cuando se rechaza mi consejo, especialmente cuando la resistencia no termina en mí. Muchas

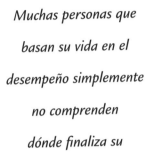

Muchas personas que basan su vida en el desempeño simplemente no comprenden dónde finaliza su responsabilidad.

personas que basan su vida en el desempeño simplemente no comprenden dónde finaliza su responsabilidad. Saber que estás en lo cierto debería ser tu propia recompensa. Ahitofel sabía en su interior que él tenía el mejor plan para lograr el objetivo de Absalón; lo que no sabía era que era contrario a la voluntad de Dios. Por supuesto, no hay evidencia de que incluso hubiera orado para descubrir la voluntad de Dios.

Las personas que basan su vida en el desempeño no dejan demasiado espacio para los planes soberanos de Dios. Están demasiado ocupados "haciendo" y luego juzgando lo que valen por medio de sus logros. No han aprendido que la soledad y la meditación podrían ser sus esfuerzos más dignos de realizar.

El peligro latente de la adicción al trabajo

Un individuo que basa su vida en el desempeño puede hacerlo fuera de la voluntad de Dios. "Pero", puede que te preguntes, "¿acaso Dios no alienta el trabajo duro?" Claro que lo hace, siempre que se mantiene el equilibrio. Una de las tácticas de Satanás consiste en llevarnos de un extremo al otro, de la pereza a la adicción al trabajo. Es clave comprender la diferencia entre ser muy trabajador en contraposición a ser adicto al trabajo. Los que trabajan mucho saben fijar límites sobre cuánto harán en el curso de un día. Hacen lo máximo que pueden mientras están en ello. No permiten que el trabajo interfiera constantemente en sus compromisos con la familia y los amigos. Para ellos, el trabajo es simplemente un medio para llegar a un fin, un esfuerzo necesario para gozar de la vida que quieren tener.

Por otra parte, un individuo que basa su vida en el desempeño permite que su trabajo lo defina, lo que finalmente puede conducir al abismo de la adicción al trabajo. Yo negaba mi propensión hacia la adicción al trabajo hasta que me di cuenta de que tenía demasiados de los síntomas que la identificaban:

- Trabajaba hasta tarde la mayor parte del tiempo.
- La mayoría de mis conversaciones giraban alrededor de los asuntos de la oficina.
- Rara vez me tomaba recesos para almorzar.
- Siempre estaba haciendo muchas tareas distintas; rara vez realizaba una tarea con un solo propósito. Si hablaba por teléfono, también usaba el tiempo para limpiar la casa. Si miraba la televisión, también organizaba papeles, y así siempre.
- Cuando intentaba relajarme, pensaba en todas las cosas que debería estar haciendo.
- Mi lista de cosas para hacer tenía más puntos de los que era posible lograr en un solo día.
- Era esclava de mi calendario con exceso de compromisos; dejaba poco o nada de tiempo muerto.
- Todos parecían moverse demasiado lentamente.
- Siempre estaba corriendo para llegar a la próxima cita.
- Ansiaba oír los elogios que recibía por trabajar bien.
- Tenía poco tiempo para cultivar mis amistades.

La única relación que recibía la atención adecuada era mi matrimonio. Temía que Dios me llamara la atención enérgicamente si no cuidaba mi matrimonio. Tuve mentores excelentes a principios de mi matrimonio cuyas advertencias sobre las prioridades equivocadas constantemente hacían un eco en mi mente y me mantenían sin descarriarme. Además, mi esposo también es un buen comunicador que no duda en expresar sus expectativas, así que él siempre obtiene su tiempo. También encontraba tiempo para responder a las emergencias y necesidades interminables de mi familia cercana. Lamentablemente, la persona que menos tiempo tenía era yo. Desesperadamente quería obtener mi propio calendario. La idea de "tiempo para mí" parecía una fantasía. Comencé a transitar mi camino hacia la recuperación —en el que todavía estoy— poniendo todas mis actividades a los pies de Jesús durante mi ahora ampliado momento de oración. Le pedí que me mostrara qué guardar y qué descartar. Empecé a renunciar a comisiones, juntas y otras actividades que no encajaban en mis metas a largo plazo. La *decisión* de renunciar fue fácil pero dar la noticia en realidad fue duro. Sentía que había borrado algo que necesitaba en mi currículum vitae, y ni siquiera estaba buscando empleo. Algunas de mis tareas aumentaban bastante mi ego y sentía que había disminuido un poco mi importancia porque no iba a estar asociada más a ellas. ¡Y yo que pensaba que había conquistado por completo mis inseguridades!

Hoy día, trato de participar sólo en esas actividades que siento que forman parte del plan de Dios para mi vida. Sigo estando más ocupada de lo que quisiera, pero gradualmente estoy consiguiendo tener el control de mis horarios. Cuando recientemente me tomé un permiso parcial en mi oficina, me di cuenta de que el tiempo ocioso es idea de Dios. Él mandó descansar y se opuso al exceso de trabajo aún cuando parecía justificado. Él advirtió a los israelitas: "Seis días trabajarás, mas en el séptimo día descansarás, aun en la arada y en siega, descansarás" (Éx. 34:21). Vaya, esas eran las épocas de más trabajo del año.

Algunas personas que basan su vida en el desempeño se hubieran sentido desilusionadas con la respuesta que dio Jesús a sus discípulos cuando éstos le informaron del éxito que habían tenido en su gira ministerial.

Entonces los apóstoles se juntaron con Jesús, y le contaron todo lo que habían hecho, y lo que habían enseñado. Él les dijo: Venid vosotros aparte a un lugar desierto, y descansad un poco (Mr. 6:30-31).

Se podría pensar que la primera respuesta de Jesús debería haber sido "¡Muy bien!" o "¡Sigan trabajando así!" No lo fue. Él conocía la importancia del descanso y también los peligros de la sobrecarga de *tareas*, incluso en la obra ministerial.

ESPIRITUALIDAD BASADA EN EL DESEMPEÑO

Una mentalidad basada en el desempeño por lo general influirá directamente sobre nuestra espiritualidad. Podemos comenzar a pensar que podemos ganar puntos ante Dios por realizar buenas obras y otros trabajos encomiables. Pero Dios espera que hagamos obras *porque* lo amamos y no *para que* Él nos ame. "Nos salvó, no por obras de justicia que nosotros hubiéramos hecho, sino por su misericordia, por el lavamiento de la regeneración y por la renovación en el Espíritu Santo" (Ti. 3:5). Uno de los peligros de tener una identidad basada en el desempeño es que nos podemos volver legalistas y condenarnos a nosotros y a los demás cuando ellos o nosotros no alcanzamos las expectativas impuestas por nosotros. Puede que hasta descubramos que algunas de nuestras obras no se realizan partiendo de un corazón puro para servir. Una buena prueba de nuestra motivación sería hacer algo bueno por alguien y no mencionárselo a nadie. ¿Puedes dejar de lado el reconocimiento y el aprecio?

Una vez que hemos tomado la decisión de liberarnos de la prisión del desempeño, puede que nos demos cuenta de que estamos mucho más distendidos y divertidos para compartir tiempo con otras personas. Debemos intentar equilibrar nuestro trabajo, nuestro tiempo de ocio y nuestra espiritualidad. Ya que la mayoría de nosotros somos propensos a programar nuestras actividades, podemos emplear esta disciplina para poner orden al resto de nuestra vida cotidiana. Fija tu cita para orar, fija la cita nocturna con tu cónyuge, fija los almuerzos con amigos con semanas de antelación, fija un momento para divertirte con la familia y, sobre todo, fija todo según su importancia. Cuida el tiempo y haz todo lo posible por cumplir con las citas.

Si bien siento que me he escapado de la prisión del desempeño, sé que si no mantengo mis responsabilidades actuales en perspectiva, fácilmente retrocederé a mi encierro. Es un reto cotidiano que requiere someter todo a la voluntad de mi Padre.

Reto a la confianza

- Detente y ora ahora mismo por sabiduría para conocer que tu valor reside simplemente en el hecho de que eres un *ser humano* y no un *"hacer humano"*.

- Medita sobre el siguiente pasaje mientras trabajas en lograr el equilibrio en tus tareas.

"Pero por la gracia de Dios soy lo que soy; y su gracia no ha sido en vano para conmigo, antes he trabajado más que todos ellos; pero no yo, sino la gracia de Dios conmigo" (1 Co. 15:10).

El síndrome de Eliú

Imaginar la falta de competencia

No que seamos competentes por nosotros mismos
para pensar algo como de nosotros mismos,
sino que nuestra competencia proviene de Dios.

2 CORINTIOS 3:5-6

ELIÚ PARECE HABER APARECIDO de la nada en casa de Job. No se le menciona durante los primeros 31 capítulos del libro de Job. En cambio, leemos sobre tres personas, supuestamente amigos, que acusaron a Job de ocasionar su propio sufrimiento. Habiendo leído la historia, sabemos que Satanás estaba detrás de las aflicciones físicas, emocionales y financieras de Job. En el capítulo 32 de esta saga, cuando los tres miserables consoladores dejaron de lado sus prolongados discursos, Eliú decidió hablar. Pronto resulta evidente que él había estado presente todo el tiempo, pero que se había mantenido en silencio. Escuchó con gran paciencia, mientras Elifaz, Bildad y Zofar exponían sus extensos argumentos. Cuando Eliú finalmente habló, explicó por qué se había mantenido callado: "Yo soy joven, y vosotros ancianos; por tanto he tenido miedo, y he temido declararos mi opinión. Yo decía: Los días hablarán, y la muchedumbre de años declarará sabiduría" (Job 32:6-7).

Eliú se sentía intimidado por la edad y la experiencia de los amigos de Job y supuso que eran más sabios que él. Su falta de competencia imaginada lo silenció. A sus ojos, no estaba cualificado para expresar una opinión sobre la causa del sufrimiento de Job.

¡Ni siquiera podía compararse con estos iconos de la sabiduría! Por lo tanto, se relegó a escuchar. Sin embargo, después de oír sus largos discursos sin importancia, se dio cuenta de que la perspectiva de ellos sobre el problema de Job no era superior a la suya. Sintiéndose envalentonado, Eliú supo de repente que él, también, tenía algunas ideas que eran dignas de poner sobre la mesa. Continuó: "Ciertamente espíritu hay en el hombre, y el soplo del Omnipotente le hace que entienda. No son los sabios los de mucha edad, ni los ancianos entienden el derecho. Por tanto, yo dije: Escuchadme; declararé yo también mi sabiduría" (Job 32:8-10). Habló sin parar durante seis capítulos. Ya no se veía a sí mismo como el perdedor en el juego de las comparaciones.

> *Mientras tu sentido de competencia resida en tus conocimientos, nunca ingresarás en la mente omnisciente de Dios.*

Mientras tu sentido de competencia resida en *tus* conocimientos, nunca ingresarás en la mente omnisciente de Dios. Debes aceptar la realidad de que nunca conocerás todo lo que necesitas conocer para cada situación. La historia de Eliú se volvió real para mí cuando tuve que hacer una presentación para un grupo grande en una compañía muy importante donde acababa de conseguir trabajo. No contaba con experiencia industrial previa y sabía que el hecho de que me hubieran contratado era una jugada política por parte de la compañía. Ya sintiéndome insegura en el cargo, realmente sentí que estaba en una espiral descendente cuando se me pidió que hiciera una presentación especial junto con dos ejecutivos que contaban con varios años de experiencia en la compañía. Para colmo, uno de ellos era literalmente un experto; el otro era un miembro de Mensa, una sociedad de élite para gente con coeficientes intelectuales elevados. Yo, susurró Satanás, era una "fensa", un término que él acuñó para referirse a los verdaderamente estúpidos.

Durante mi devocional del día de la presentación, el Espíritu Santo me condujo a la historia de Eliú. Supe de inmediato que Job 32:8 era mi palabra para ese día: "Ciertamente espíritu hay en el hombre, y el soplo del Omnipotente le hace que entienda". Confiando totalmente en Dios para que hablara a través de mí, realicé la presentación y recibí muy buenas críticas.

LA MALDICIÓN DE LAS COMPARACIONES

Los sentimientos de inferioridad no son generados por la mera observación que uno hace de su condición, sino por comparar su condición con la de otra persona. Tomemos el caso de Susana, que siempre ha tenido un poco de sobrepeso, pero que no es obesa. Ella normalmente se siente bastante bien consigo misma. De hecho, hasta se siente un poco orgullosa cuando se encuentra con otra mujer que tiene mucho sobrepeso. Sin embargo, su glorificación dura poco cuando se encuentra con una mujer que tiene la talla que ella sueña tener. Se encuentra a sí misma mirándola todo el tiempo que está en su presencia. No puede negar ni escapar a los sentimientos que la abruman durante estos momentos. La comparación es un juego letal que te deja atrapado entre los dos extremos: la inferioridad o la superioridad. No lo juegues.

TAL COMO PENSABA UN HOMBRE

Debemos ser cautelosos en controlar lo que permitimos que ocupe nuestra mente para que no se vuelva realidad. ¿Puedes recordar algún momento en que te sentiste tan incompetente que te quedaste en silencio y te negaste a hablar, aunque tenías un pensamiento o una idea que valían la pena? Tal como hizo Eliú, debes darte cuenta de que no es tu capacidad, tu conocimiento ni tu experiencia lo que determinan el éxito. El "secreto del éxito" consiste en depender completamente del poder facultador del Espíritu Santo. El apóstol Pablo lo expresó muy bien: "Por la gracia de Dios soy lo que soy" (1 Co. 15:10). Una vez que quedes totalmente persuadido de este hecho, comenzarás a emprender nuevos niveles de riesgo o responsabilidad sin temor al fracaso. Finalmente habrás comprendido que Dios nunca le da a una persona una responsabilidad sin darle la capacidad de responder. Por qué no detenerse, mirarse al espejo ahora mismo y decirse a uno mismo: "Cuando Dios me da una responsabilidad, me da la capacidad de responder".

Varios hombres de la Biblia sintieron una sensación abrumadora de incompetencia cuando Dios les dio una tarea que más tarde ocasionaría que fueran conocidos como grandes hombres. Analicemos a un par de ellos. Observa sus inseguridades confesadas y los logros que alcanzaron cuando fueron habilitados por la gracia de Dios.

Cuando Dios le encargó a Moisés que condujera a los israelitas fuera de la esclavitud egipcia, Moisés le habló a Dios sobre su

Dios nunca le da

a una persona una

responsabilidad sin

darle la capacidad de

responder.

incompetencia para la tarea: "Entonces dijo Moisés a Jehová: ¡Ay, Señor! Nunca he sido hombre de fácil palabra, ni antes, ni desde que tú hablas a tu siervo; porque soy tardo en el habla" (Éx. 4:10). Dios ni le escuchó. "Y Jehová le respondió: ¿Quién dio la boca al hombre? ¿o quién hizo al mudo y al sordo, al que ve y al ciego? ¿No soy yo Jehová? Ahora pues, ve, y yo estaré con tu boca y te enseñaré lo que hayas de hablar" (Éx. 4:11-12). A pesar de la reafirmación de Dios, Moisés siguió protestando. Finalmente cedió cuando Dios acordó enviar con él al elocuente hermano de Moisés, Aarón, para que fuera su portavoz. A través de una serie de milagros, Dios convenció a Moisés de que Él estaría con él en cada paso del camino. Moisés se convirtió en el Gran Liberador.

Cuando Dios le dijo a Gedeón que liderara a los israelitas en la batalla contra los poderosos madianitas, él, también, citó su incompetencia para la tarea debido a determinadas inseguridades que tenía. "Ah, señor mío, ¿con qué salvaré yo a Israel? He aquí que mi familia es pobre en Manasés, y yo el menor en la casa de mi padre. Jehová le dijo: Ciertamente yo estaré contigo, y derrotarás a los madianitas como a un solo hombre" (Jue. 6:15-16). Gedeón se dirigió a la batalla y conquistó a un ejército de 135.000 hombres con solo 300 soldados... además de Dios. ¡Esa era una relación de 450 a 1! Se necesita la presencia de la omnipotencia para lograr esos resultados con recursos limitados.

Dios se deleita exaltando a los que se consideran incompetentes.

Estoy plenamente convencida de que no hay grandes hombres ni mujeres, sino personas comunes que han obedecido el mandato de Dios de hacer algo extraordinario. Dios se deleita exaltando a los que se consideran incompetentes. Así que la próxima vez que Satanás te recuerde que eres incompetente, está de acuerdo con él. "¡Tienes razón! Soy incompetente. Sin embargo, estoy conectado con el Ser Supremo, que todo lo puede, todo lo sabe y siempre está presente. ¡A través de Él, yo puedo hacer todas las cosas!".

LA VERDADERA CLAVE DEL ÉXITO

El único requisito previo verdadero para conseguir el éxito es la obediencia. Debes ejercer la fe y estar disponible para el trabajo. ¿Estás preparado para ser el recipiente a través del cual Dios puede demostrar su poder? De ser así, Él te está buscando. "Porque los ojos de Jehová contemplan toda la tierra, para mostrar su poder a favor de los que tienen corazón perfecto para con él" (2 Cr. 16:9).

Reto a la confianza

- ¿Qué excusa has usado para no realizar una determinada tarea?

- ¿Realmente piensas que la excusa está por encima de la capacidad de vencer de Dios?

PARTE II

Los siete obstáculos
a la confianza suprema

Obstáculo: *Objeto, situación o condición que impide el avance hacia un logro.*

La falta de oración

Orar siempre, y no desmayar.

LUCAS 18:1

EN LA PELÍCULA *Executive Decision* [DECISIÓN CRÍTICA], los terroristas secuestraban un avión comercial e intentaban desviar el vuelo a otro lugar. Con el combustible suficiente para su destino original, el avión pronto necesitó ser recargado. Los secuestradores, para evitar ser dominados en tierra, exigen una recarga de combustible en el aire. Se utiliza un dispositivo tipo embudo para transferir el combustible desde el avión que lo proporcionaba al avión secuestrado.

Mientras reflexionaba sobre la película, no pude evitar advertir el paralelismo entre la oración y el embudo de combustible. La oración, como el embudo, nos conecta con la fuente que provee cada una de nuestras necesidades. Lamentablemente, demasiadas personas esperan a que una crisis les obligue a hacer la conexión.

La necesidad más esencial del hombre espiritual es la oración. La oración es el combustible del espíritu; si la ignoramos, morimos espiritualmente. El problema es que no morimos de inmediato; podemos, pues, pasar por extensos períodos sin orar sin que haya consecuencias inmediatas. Algunos de los hijos de Dios simplemente saludan con la mano o le guiñan un ojo a Dios como si dijeran: "Sé que Tú estás ahí, pero yo tengo demasiadas cosas que hacer para detenerme y hablar realmente contigo. De todos modos, Señor, conoces mi corazón". Por supuesto que lo conoce.

La oración: Una opción de vida o muerte

Hace muchos años había un anuncio comercial de cigarrillos muy popular en la televisión que mostraba a un fumador con un ojo amoratado y un cigarrillo colgando de la comisura de su boca. Él miraba a la cámara y desafiante, decía: "Prefiero pelear a cambiar". Lo que quería transmitir era que estaba comprometido a hacer cualquier cosa para mantenerse leal a su marca. El libro de Daniel nos cuenta que éste tenía un compromiso aún más fuerte con sus momentos de oración (véase Daniel 6). Si bien tenía muchas responsabilidades como uno de los tres administradores de Babilonia, Daniel conseguía tiempo para orar tres veces al día, y aún sobresalía sobre los otros administradores, que eran envidiosos. Cuando se enteraron de que el rey Darío estaba planeando convertir a Daniel en el hombre número dos, jugaron a la política sucia. Convencieron al rey para que firmara un decreto irrevocable que decía que si alguien oraba a algún dios u hombre durante un lapso de 30 días, sería arrojado a un foso de leones. Darío no tenía idea de que esta era una trampa para Daniel, a quien él amaba.

La oración es el combustible del espíritu; si la ignoramos, morimos espiritualmente.

"Cuando Daniel supo que el edicto había sido firmado, entró en su casa, y abiertas las ventanas de su cámara que daban a Jerusalén, se arrodillaba tres veces por día, y oraba y daba gracias delante de su Dios, como lo solía hacer antes" (Da. 6:10). Daniel no estaba dispuesto a someterse a la falta de oración —ni siquiera 30 días— para mantener su importante cargo o incluso su vida. *¡Prefería morir a cambiar!*

Desde luego, los administradores lo denunciaron y pronto fue arrojado al foso de los leones. No leemos sobre la angustia de Daniel, puesto que tenía muchas oraciones ya almacenadas para un momento como este. Se sentía seguro en su Dios. Sabía que su competencia, su carrera y su confianza estaban directamente conectadas con Él.

Daniel también conocía el poder de la oración. Sus oraciones lo habían salvado a él y a sus amigos de otras situaciones imposibles. Por ejemplo, años antes, Nabucodonosor, el entonces rey en el trono, había exigido que Daniel interpretara un sueño que Nabucodonosor ni siquiera recordaba. Los ejecutores de la justicia ya habían comenzado a matar a los magos, encantadores, hechiceros, y astrólogos que no podían cumplir con la exigencia del rey. En lugar de ocultarse, Daniel se presentó ante el rey y le solicitó tiempo para ir y orar sobre el asunto, prometiéndole traer la respuesta. Como era de esperar, Dios había revelado los detalles del sueño como también la interpretación. Daniel terminó la oración dándole la gloria a Dios. "A ti, Dios de mis padres, te doy gracias y te alabo, porque me has dado sabiduría y fuerza, y ahora me has revelado lo que te pedimos" (Daniel 2:23). Le siguió un gran ascenso para él y sus amigos.

Mientras tanto, volvamos al foso de los leones. Dios envió a sus ángeles para dar la orden de "callarse la boca" a estos reyes de las bestias, haciéndolos inofensivos. A la mañana siguiente, para sorpresa de todos, Daniel seguía sano y salvo. Darío estaba tan aliviado que ordenó que los administradores acusadores fueran arrojados a los leones junto con sus esposas e hijos. Ahora bien, no solo Daniel fue ascendido, sino que el rey ordenó a todos en su reino que temieran y reverenciaran al Dios de Daniel.

Esta historia es un poderoso recordatorio de que nada debe ser prioritario a nuestras oraciones a Dios. No podemos darnos el lujo de sufrir las consecuencias de la falta de oración. Nuestra confianza y seguridad emocional partirán de mantener una relación estrecha con Él y solo con Él.

LECCIONES DE MI PLANCHA

Como la mayoría de las personas durante estos tiempos acelerados, tengo horarios muy apretados. Por motivos de conveniencia, siempre guardo mi plancha y mi tabla de planchar en posición de ser usada en mi ropero. Una mañana comencé a planchar mi falda y rápidamente advertí que la plancha no obtenía ningún resultado con las arrugas. Miré hacia abajo y vi que estaba desenchufada. Remedié el problema rápidamente. Sin embargo, mientras estaba de pie allí impacientemente esperando que se calentara, me di cuenta de que a veces nuestras vidas pueden parecerse mucho a mi experiencia con la plancha: mucho esfuerzo pero nada de efectividad. Solo nos volvemos eficientes cuando nos conectamos a nuestra fuente suprema de poder.

En otra ocasión, estaba planchando y me retiré un rato a contestar el teléfono. Cuando regresé, el apagado automático había hecho que la plancha se enfriara por la inactividad. Aunque esto me hizo sentir frustrada, sentí que estaba en camino otra lección espiritual. El Padre me recordó: "Aunque es posible que te hayas enchufado a mí hace algún tiempo, la seguridad emocional, como el fuego, debe ser atizada periódicamente". La única forma de hacerlo es con una comunión constante con Él. Habiendo orado, podemos comenzar, por fe, a comportarnos y a creer como personas seguras.

La conducta del pez rémora

Con frecuencia me sorprenden las lecciones espirituales que se hallan en las maravillas de la naturaleza. El pez rémora, por ejemplo, proporciona un ejemplo poderoso de la importancia de permanecer conectado a una fuente más grande y más poderosa que nosotros mismos. Este pez tiene un disco de succión ovalado en la parte superior de su cabeza que le permite unirse al vientre de otro pez grande o a los barcos. El tiburón es su blanco favorito como anfitrión.

Una vez unido al tiburón, el pez rémora no tiene que preocuparse de los asuntos cotidianos como el alimento, el transporte o la seguridad. Se alimenta con la comida que cae de la boca del tiburón. Por supuesto, cuenta con la opción de nadar por sus propios medios, pero cuando decide pegarse al tiburón, va donde va este. No intenta ir en una dirección contraria al tiburón. ¿Protección? No es motivo de preocupación para alguien que está conectado a una criatura tan poderosa y valiente. El pez rémora está seguro. De forma innata sabe que el tiburón lo puede llevar a lugares a donde nunca podría ir solo. ¿No suena esto a la relación que Dios desea que sus hijos tengan con Él? Él quiere que nosotros nos alimentemos con las palabras que salen de su boca. Quiere que vayamos con Él a donde Él nos conduzca y no que hagamos excursiones independientes, con la esperanza de que Él nos identifique. Quiere que vivamos con la seguridad de que Él protegerá no solo nuestras vidas, sino también nuestras relaciones y todo lo que nos pertenece. Ah, ¡ojalá imitáramos al pez rémora! Entonces nos encontraríamos asegurando nuestra unión con Dios a diario a través de la oración. Él está esperando para llevarnos a lugares a los que tememos ir solos.

El profeta Isaías advirtió lo siguiente a los líderes judíos: "Sobre tus muros, oh Jerusalén, he puesto guardas; todo el día y toda la noche no callarán jamás. Los que os acordáis de Jehová, no reposéis" (Is. 62:6-7). ¿Le estás dando a Dios demasiado reposo?

MI MODELO DE ORACIÓN

Con frecuencia se habla sobre la oración pero, de las disciplinas espirituales, probablemente sea una de las menos practicadas. Muchos de los hijos de Dios sostienen que la oración es su prioridad número uno. Tal vez lo es en teoría. Sin embargo, la prioridad real de una persona es la actividad en su vida que tiene preferencia sobre todas las demás. Yo fui bendecida al tener mentores que hicieron que la oración fuera una parte importante de sus vidas. Recuerdo que a mis veinte años renuncié a las vacaciones de verano para viajar a Filadelfia, Pennsylvania, con el propósito de pasar el tiempo diariamente en el altar con la doctora Marlene Talley, el doctor Elvin Ezequiel y su grupo de devotos cristianos, jóvenes y ancianos, que se apasionaban con la oración.

Incluso desde joven había querido siempre enseñar sobre el tema, pero sabía que no estaba realmente dando ejemplo de los preceptos que quería enseñar. Parecía como si hubiera permitido que mis horarios sumamente apretados ocuparan lo que realmente deseaba que fuera mi prioridad. Mi amiga P. "Bunny" Wilson me recordó que una maestra es más eficaz cuando practica los principios que predica. Bunny me advirtió: "Sabes acerca de ello, pero no sabes enseñarlo". Ella me desafió a llevar mi vida de oración a otro nivel. Y yo acepté el desafío.

Al ser una persona impulsada por los horarios, he descubierto que soy más coherente cuando fijo de antemano una cita para pasar tiempo con Dios. Además, ya que suelo hacer mejor las cosas con una estructura, necesito una herramienta de oración que me mantenga enfocada. He desarrollado un plan y ahora sigo las pautas siguientes durante mi tiempo de oración.

Pausa. Detengo toda actividad y me concentro por completo en Dios. La adoración es preocupación total; solo podemos preocuparnos de una cosa a la vez. Sé que muchas personas oran mientras hacen ejercicios físicos o conducen hasta el trabajo. Sin embargo, el mayor honor y respeto que podemos darle a cualquiera es nuestra atención completa. Después de todo, llegamos a su presencia para adorarlo. Me siento, permanezco de pie o me arrodillo en silencio. Respiro profunda y lentamente. Con cada respiración absorbo su presencia, su santidad y su poder. Tengo mi diario de oración y un lápiz listo para registrar sus pensamientos hacia mí durante el momento de oración.

Reverencia. Le doy honor y admiración. Venero (santifico, bendigo) su nombre. A estas alturas, las distracciones comienzan a aparecer como dientes de león. Advierto hasta una hoja muerta en un invernadero o cualquier cosa que esté fuera de lugar en la habitación, o recuerdo de repente una tarea que debo añadir a mi lista de cosas para hacer. Anoto la tarea en mi diario e ignoro los otros asuntos por lo que son: meras distracciones que pueden tratarse más tarde. También he aprendido que orar en voz alta ayuda a reducir al mínimo los pensamientos erráticos. Cuando estoy sumamente cansada o con sueño, camino mientras oro en lugar de arrodillarme. No puede uno tener una mentalidad tan espiritual como para no tener que enfrentarse a los asuntos prácticos de la carne. La fatiga es algo real.

Llego a su presencia cantando canciones que lo exaltan. Le agradezco por todo lo que ha hecho y hará. Expreso varias cosas por las que estoy particularmente agradecida ese día. Leo y medito sobre un pasaje de las Escrituras. Recomiendo a los que se inician que lean un capítulo de la vida de Jesús de uno de los cuatro Evangelios, o un capítulo del libro de Proverbios que se corresponda con la fecha del mes (hay 31 capítulos). Otras opciones de lectura pueden incluir un capítulo del libro de Hechos, advirtiendo el poder de la primera iglesia, o un salmo. Yo personalmente disfruto estudiando temas en particular, como la fe, el perdón, el orgullo y demás.

Petición. Pido por el perdón de mis pecados, haciendo todo lo necesario para ser específico. Oro por la capacidad para vivir una vida cristiana y le pido a Dios que me dé pasión para su Palabra y por la oración. Le pido que se cumpla su voluntad en todos los aspectos de mi vida: espiritual, física, financiera, en las relaciones, vocacional y emocionalmente. Oro por cada uno de forma separada.

Utilizando una lista preparada, pido que se cumpla la voluntad de Dios en las vidas de los miembros de mi familia, de mis amigos, de mis compañeros de trabajo, de mis vecinos; del pastor/iglesia, del gobierno nacional, estatal y local; y demás. En vez de embarcarme en una modalidad de "dejar que las cosas sucedan", le pido al Espíritu Santo que interceda por mí de acuerdo a la voluntad de Dios. Dicho sea de paso, esa es su tarea según Romanos 8:26-27: "Y de igual manera el Espíritu nos ayuda en nuestra debilidad; pues qué hemos de pedir como conviene, no lo sabemos, pero el Espíritu mismo intercede por nosotros con gemidos indecibles. Mas el que escudriña los corazones sabe cuál es la intención del Espíritu, porque conforme a la voluntad de Dios intercede por los santos".

Entrega. Cuando todo se ha dicho y se ha hecho, sé que debo subordinar mis solicitudes a la voluntad soberana de Dios, confiando en que Él sabe qué es mejor. Lucho por mantener una actitud de "no obstante" hacia todas mi solicitudes. Por ende, tengo cuidado de concluir mi oración diciendo: "No obstante, no se hará mi voluntad, Señor, sino la tuya". Ahora bien, debo admitir que a veces el diablo intenta hacerme sentir una hipócrita al decir "no obstante" puesto que de hecho, como es natural, con frecuencia prefiero un determinado resultado. Sin embargo, mi corazón regenerado desea la voluntad perfecta de Dios. Por lo tanto, le agradezco de antemano por otorgarme mis peticiones de acuerdo con *su* sabiduría y presciencia.

Dejo el lugar de oración sabiendo que he realizado la conexión y que fui reabastecida. Mi conocimiento no se basa en ninguna emoción especial o en estremecimientos que siento, sino simplemente en el hecho de que Dios siempre escucha las oraciones de sus hijos.

Hay un adagio que afirma que no es *lo que* uno conoce, sino *a quiénes* conoce lo que le da la ventaja en una situación. Yo estoy de acuerdo de corazón desde un punto de vista espiritual. Cuando tenemos una relación con Dios, llegamos a comprender que Él es suficiente para manejar cualquier exigencia que recaiga sobre nosotros. Ese tipo de confianza proviene de saber que estamos conectados con la omnipotencia.

Reto a la confianza

- Realiza un compromiso formal por escrito de ser fiel a un tiempo cotidiano de oración durante por lo menos un número determinado de minutos durante una cantidad determinada de días a la semana.

  Compromiso de muestra: "Con la ayuda del Señor, me comprometo a orar 20 minutos, cinco días a la semana durante los próximos 30 días".

- A lo largo del día, haz una pausa de solo cinco segundos de alabanza o de acción de gracias. Por ejemplo:

  "Señor, Te agradezco que estés conmigo".
  "Padre, eres increíble".
  "Gracias por Tu sabiduría".
  "Gracias por los ángeles que has enviado para cuidar de mí y de mi familia".

"Señor, nada es demasiado difícil para ti".

"Gracias por la vida, la salud, la fuerza y una mente sana".

"No hay nadie como tú en la tierra".

Desvalorización personal

Ve que van bien sus negocios.

PROVERBIOS 31:18

LAS MUJERES Y LOS HOMBRES HAN LUCHADO contra sentimientos de incompetencia desde el principio de los tiempos. Eva, a pesar de su entorno perfecto en el Huerto del Edén, permitió que la serpiente la convenciera de que era incompetente en cuanto al conocimiento y que tenía que comer el fruto prohibido.

Los profesionales de la salud mental y los autoproclamados entrenadores de la vida, así como también los clérigos populares, han ofrecido diversas soluciones al dilema de la baja autoestima, solo para descubrir que sigue siendo uno de los problemas más comunes de la humanidad. La percepción de la incompetencia personal persiste debido a una inadecuada comprensión del papel que Dios debe jugar en nuestras vidas.

EL DINERO Y LA HUMANIDAD

De muchas maneras, la valoración de una persona puede compararse con el valor del dinero. Supón, por ejemplo, que tienes un billete de 100 dólares que está gastado, roto y defectuoso. El hecho de que ya no sea nuevo y crujiente no disminuye su valor. No importa cómo sea su apariencia, su valor sigue siendo el mismo simplemente porque lo estableció quien lo hizo; es decir, el gobierno de los Estados Unidos. Siempre valdrá 100 dólares y se puede usar para comprar cualquier cosa que pueda adquirirse normalmente con 100 dólares. Un cliente en un establecimiento se molestaría mucho si entregara un billete de 100 dólares desgastado para pagar sus artículos o servicio y el comerciante respondiera: "Lo lamento, su billete solo vale 50 dólares porque está rasgado y roto". El cliente llegaría a la conclusión de que el comerciante estaba loco.

Hay algo en cada billete que lo diferencia de cualquier otro: su número de serie. Ningún otro billete tiene ese número. De hecho, una vez comprobé que una cajera estaba robando a la compañía cuando fotocopié y luego coloqué algunos billetes en el correo entrante. Dentro del lapso de una hora de su supuesto robo, me encaré con ella y le pedí ver el dinero que tenía en su bolso. Ella negó con vehemencia que fuera dinero de la empresa. Cuando comparé los números de serie de sus billetes con los del dinero que yo había puesto, coincidían perfectamente. Su defensa fue inútil. Hasta aquel momento, ella no se había dado cuenta del hecho de que cada billete tenía una identidad única.

Dios estableció nuestro valor cuando nos creó. Él nos hizo a cada uno único. Lo honramos cuando abrazamos nuestra singularidad. Además, así como el gobierno crea billetes con diversas denominaciones, Dios nos creó con la variedad que necesitamos para cumplir nuestro propósito designado. Todos nosotros tenemos un valor único y un destino diferente. Antes de que Él nos creara a cada uno de nosotros, tenía un plan para que nuestras vidas se desarrollaran de acuerdo a su plan soberano.

Lecciones de la mujer virtuosa

La supermujer sin nombre descrita en Proverbios 31:10-31 ha sido objeto de muchos sermones. En su narrativa, la madre del rey Lemuel le está dando a su hijo un consejo relativo a los rasgos de carácter y los patrones de comportamiento que debe buscar en la mujer con la que piense casarse. Considero que el versículo 18 es particularmente alentador para los que luchan contra la inseguridad: "Ve que van bien sus negocios". Veamos cinco verdades liberadoras en esta sencilla frase.

1. *Ella* ve que van bien sus negocios. No es alguien que llega buscando la validación o aprobación de sus mercancías. Cuando

uno es inseguro y no valora personalmente lo que aporta, los demás pueden ser capaces de minimizarlo o de convencerlo de que no vale nada. Esta mujer, como todos los seres humanos, desea ser valorada y aceptada, pero ella no lo busca ni se encuentra a sí misma debilitada si no lo consigue.

2. La mujer ideal *percibe* que sus negocios son buenos. Percibir es sentir, saber o comprender interiormente. Ella comprende qué lleva a la mesa y lo valora interiormente. No duda de la valoración que ha hecho; ni tampoco halla necesario alardear sobre la calidad de su mercancía. La mujer ideal no tendrá una actitud de orgullo, pero tampoco bajará sus ojos con falsa humildad. Simplemente tiene una visión equilibrada de sus negocios. Fíjate que ella no simula que su mercancía sea buena, porque es hipócrita y difícil intentar falsear la confianza. La fachada pronto se hará evidente para la persona que discierne. No, la mujer de Proverbios 31 simplemente percibe el valor de sus negocios. Estate atento. Incluso si tienes mucha confianza, alguien aún puede intentar minimizar tu valor y decir que lo que traes vale poco o nada, pero su opinión no te perturbará cuando estés plenamente persuadido en tu interior, cuando percibas tu valor.

3. Ella ve que *sus* negocios son buenos. Aquí tenemos a una mujer que no se siente intimidada ni preocupada indebidamente por las mercaderías de los demás comerciantes. En consecuencia, no dedica sus energías a comparar o a competir. Su mercancía habla por sí misma. Como cristiano, competir por cualquier cosa de la vida fuera del área de los deportes es tan inútil como intentar pasar en velocidad a otro auto en la autopista. Ambos conductores tienen un destino diferente. ¿Por qué competir con otra persona por su destino cuando Dios ya lo ha ordenado? Yo encuentro gran aliento en el recordatorio del salmista: "En tu libro estaban escritas todas aquellas cosas que fueron luego formadas" (Sal.139:16).

4. El versículo declara que ella ve que sus negocios *son* buenos. Esta mujer tiene confianza actual. No está aferrada al pasado, pensando en los buenos negocios que solía tener. Ni tampoco está posponiendo la persecución de sus metas hasta que su mercancía sea perfecta. Ella simplemente da un paso adelante en fe, habiéndolo

hecho lo mejor que podía. Sus negocios son buenos hoy; mañana están en manos de Dios. La ansiedad no tiene lugar en su vida. 5. Esta mujer fuerte mental y moralmente percibe que sus negocios son *buenos.* Ella abraza y valora lo que lleva al mercado. Se resiste a permitir que el hombre, los medios de comunicación o los mercaderes definan o fijen la norma para su mercancía. Ya sabes, tu mercancía es cualquier cosa que ofreces al mundo. Podría simplemente ser una actitud positiva, integridad, confidencialidad, lealtad o cualquier cualidad intangible. Y, si bien la sociedad puede que no lo valore mucho ni le otorgue un reconocimiento especial, tú debes percibir dentro de ti, como parte de tu sistema de valores basado en la Biblia, que tus negocios son buenos.

Además, realmente no hay necesidad de sentirse incompetente al lado de *nadie* cuando se tiene una relación íntima con el que creó a *todos.* Alguien dijo una vez: "El que se postra ante Dios, puede estar de pie ante cualquiera".

Reto a la confianza

- ¿Qué mercancía aportas? ¿Realmente percibes que es buena?

- De la siguiente lista de cualidades intangibles, comprueba cuántas puedes marcar como "buen negocio" propio. Siéntete libre de añadir otras cualidades a la lista.

  accesible, afectivo, afirmante, alentador, articulado, benevolente, brinda apoyo, compasivo, completa las tareas, comprensivo, con discernimiento, con mentalidad espiritual, con temperamento uniforme, confiable, confidencial, considerado, de corazón tierno, decisivo, disciplinado, discreto, expedito, flexible, frugal, genuino, honesto, humilde, leal, muy trabajador, objetivo, organizado, pacífico, profundo, razonable, resuelto, sabe escuchar, sabio, sincero, sociable, sumiso ante la autoridad, transparente

- Aunque hayas marcado solo una palabra, ya estás aportando algo valioso. Declara a diario: "Percibo que mis negocios van bien".

OBSTÁCULO 3

Conocimiento pobre

Mi pueblo fue destruido,
porque le faltó conocimiento.

OSEAS 4:6

"EL CONOCIMIENTO ES PODER" es un adagio que todos llegamos a aceptar como sabiduría convencional. Cuanto más sepas, más confiado serás, natural y espiritualmente hablando. No hay nada que genere más sensación de inseguridad o de inferioridad que el conocimiento inadecuado.

La gente hace cualquier cosa con tal de evitar parecer que carece de conocimientos. Puede que hayas vivido la experiencia de hablar con determinadas personas y de discernir por su mirada que no estaban comprendiendo el tema tratado, pero que, en lugar de decirlo, simplemente asentían. Bueno, yo confieso que he hecho lo mismo una que otra vez en mi vida, sabiendo que no tenía idea de qué estaba diciendo la otra persona. ¡Que Dios no permita que parezca una ignorante! Mi sobrina de siete años, Allexa, es un gran ejemplo para mí. Cuando empleo una palabra o digo algo que ella no comprende, me pregunta de inmediato: "¿Eso qué quiere decir?" Si nosotros dejáramos de colocar una fachada sobre nuestra ignorancia ocasional, aumentaríamos aún más nuestro conocimiento. La señora Scales, mi profesora de lengua de la escuela secundaria, con frecuencia recordaba a sus alumnos: "Lo que no sabéis se convertirá en un mundo completamente nuevo".

Puesto que nunca llegaré a saberlo todo, intento aumentar la autoestima de los demás permitiéndoles que brillen mientras yo aprendo. Me encanta extraer información de las personas sobre sus experiencias de la vida. Fue el estadista británico Benjamín Disraeli el que declaró: "Cuanto más sepa un hombre sobre lo que se ha hecho, mayor será su poder para saber qué hacer".

CONOCIMIENTO SECULAR

Si "el conocimiento es poder", entonces la lógica indica que: "la falta de conocimiento es falta de poder". Lo que no sepas te hará daño. Los que cuenten con un conocimiento inadecuado no tendrán el poder de competir por salarios altos y ascensos. Este sentido de falta de poder solo aumenta el sentido de inseguridad de uno.

Las habilidades de supervivencia básica hoy día, y aún más en el futuro, requerirán un conocimiento adecuado en las áreas que se tratan a continuación.

Habilidades de vocabulario. Enfrentémoslo. Las personas cada vez con más frecuencia juzgan la inteligencia, la educación, y la capacidad de éxito por lo bien que se habla y por la extensión de nuestro vocabulario. Numerosos estudios han demostrado que hay una correlación directa entre el vocabulario y los niveles de ingresos.

Durante mi carrera en la América corporativa, fui testigo de que hay personas que con menor idoneidad técnica les ganan a sus colaboradores debido a su fuerte dominio del idioma. Desarrollar habilidades de comunicación oral y escrita, ya sea a través de clases formales o de estudio propio, es uno de los logros que más fortalecen la confianza. El respeto que genera es increíble. Aumenta el sentido de seguridad de una persona porque sabe que puede sostener lo que dice en cualquier grupo y comunicarlo efectivamente sin tener que buscar las palabras. Obtener habilidades en esta área puede hacerse con facilidad y convenientemente a través de sitios de Internet, calendarios de una palabra por día, cintas y libros.

Conozco a una mujer que es tan insegura respecto a su capacidad para hablar de forma correcta, que lee constantemente libros de gramática. Le aterra hablar en su iglesia. He asistido a cultos de la iglesia con ella en varias ocasiones y me maravilló que sus compañeros hablaran con frecuencia, aún cuando no son tan verbalmente correctos como ella. Parten los infinitivos y pronuncian mal las palabras sin vergüenza alguna ni inseguridad aparente. Para colmo, lo hacen en voz alta, que para ellos es equivalente a "la unción" o a estar "en el Espíritu".

Ahora bien, incluso aunque ella aprendiera todas las reglas apropiadas de la gramática, se seguiría sintiendo incompetente porque no ha apagado esa cinta de 30 años de su ex esposo maltratador diciéndole que ella es estúpida e incompetente para emprender cualquier cosa. Por lo tanto, vive en su propia prisión mental de un conocimiento pobre.

Competencia técnica. Si bien el vocabulario te puede introducir en el dominio del lenguaje, tarde o temprano deberás poder dominarlo. El multimillonario Bill Gates de Microsoft predice: "Habrá 'dos sociedades' en el futuro: los trabajadores con conocimientos muy bien pagados y los trabajadores de servicios mal pagados". Si sabes (o piensas) que tus habilidades son menores que las de la media, tu confianza va a decaer. Competencia equivale a confianza.

Cuando la mujer de Proverbios 31 salió a negociar con el mundo, ella sabía que llevaba buena mercancía. Creo que una de las razones clave por las que tenía tanta confianza sobre su mercancía se halla en el versículo 18: "Su lámpara no se apaga de noche". Ella dedica el tiempo y ejerce la diligencia necesaria para ser excelente en las cosas que emprende.

Impartí una clase de contabilidad durante varios años en una universidad grande. Siempre resultaba evidente qué alumnos habían estudiado o realizado su tarea. Los que estaban preparados se sentaban justo al frente de la clase. No tenían temor de que yo los llamara. Tenían un aura de confianza y la mirada que acompaña al hecho de estar preparado.

Habilidades sociales. Mi esposo y yo asistimos a muchas comidas formales. Me asombro con frecuencia por la cantidad de gente que tiene muy pocos conocimientos de la etiqueta adecuada para esas ocasiones. Miran a su alrededor, esperando aprensivamente que los demás comiencen a comer, y así ellos pueden seguir su ejemplo. Inspirada por su falta de confianza, diseñé una tarjeta del tamaño de una billetera llamada "Cenando con confianza" que muestra, por un lado, la disposición correcta de la mesa y por el otro, una lista de las principales reglas de etiqueta. Veo iluminarse la mirada en el rostro de mis clientes mientras la leen, aunque muchos sostienen: "La voy a comprar para un amigo". Sí, cómo no.

Tienes que tener conocimientos sociales para hacer presentaciones correctas, para dar la propina correcta, y para demostrar otros indicios de buenos modales. Tal conducta puede tener un impacto positivo en tu carrera como también en tu vida social. El elemento clave es acordarse de utilizar esas habilidades cuando sea necesario y no ser una persona aburrida y tiesa cuando la situación requiere un comportamiento más relajado. No hay necesidad de comer ese perrito caliente con cuchillo y tenedor en el pic-nic anual.

CONFIANZA VERDADERA

Ser excelente en las cosas que uno emprende aumenta la confianza. Saber que tus habilidades están asentadas y que has puesto lo mejor de ti obra maravillas a la hora de sentirte adecuado. Como me esfuerzo en sobresalir en cualquier cosa que hago, camino con un alto grado de confianza. Déjame explicarte.

El significado básico de la palabra "confianza" resulta "inspirador". Está compuesta por el prefijo "con" y la raíz "fi", que significa "fe". Caminar con confianza es caminar con fe. Podemos caminar con la fe y la convicción de que estamos capacitados por un Dios que lo sabe todo, que es todopoderoso y que está siempre presente.

EL COSTE DE LA CONFIANZA

Lamentablemente, a veces, cuando tú transmites confianza, alguna persona insegura te acusa de ser orgulloso o altanero. Debes tener cuidado del espíritu con que exhibes tu confianza para que no haya ni siquiera una pizca de verdad en dicha acusación. Dios prohíbe que creamos en nuestra propia prensa.

Oí que a los alumnos de una clase de psicología en una determinada universidad se les pidió que mencionaran su característica más valiosa. Dos de ellos escribieron que era la inteligencia y ambos lo escribieron mal. Hablé una vez en una conferencia donde el tema incluía la palabra "excelente". El estandarte de la conferencia mostraba un brillante error gramatical.

INFERIOR POR CONSENTIMIENTO

Trabajé con una maravillosa mujer cristiana a quien amé mucho y con quien sinceramente deseaba entablar una relación estrecha. Una mañana ella me dijo que varias personas le habían dicho que yo había mencionado que ella era incompetente. Dijo que esto le había dolido tanto y le había causado tanto resentimiento hacia mí que ni siquiera había podido comulgar. Realmente sentí lástima por ella porque Satanás la había convencido de creer tal mentira. Ya que tenía poca o ninguna interacción con ella periódicamente, no contaba con suficiente base para juzgar su competencia personal. Sabía que las personas que le habían dicho esa mentira expresaban su propia opinión pero que habían usado mi nombre para dar credibilidad a sus comentarios. Por supuesto, si ella no hubiera creído interiormente a algún nivel que era incompetente, esa mentira hubiera tenido un impacto mínimo en ella. Eleanor Roosevelt dijo: "Nadie le puede hacer sentir inferior sin su permiso". Satanás, con el consentimiento de esta mujer, había reforzado con éxito su inseguridad y le había robado a ella —y a mí— la posibilidad de una relación maravillosa. Vaya, si alguien me llamara incompetente, no le daría importancia y pensaría que fue su opinión errónea y envidiosa. Yo percibo que van bien mis negocios. Eso no es altanería. Es confianza.

CONOCIMIENTO SUFICIENTE

En esta época actual de sobrecarga de información, es imposible estar al día de todo lo nuevo y de los avances a nivel mundial o incluso local. Todos tienen que encontrar su propia zona de comodidad en cuanto a la cantidad de información que desean adquirir. He tomado una decisión consciente de conocer solo las áreas que se relacionan con mi foco de vida actual o con temas específicos dentro de mi círculo de ocupación. Además, he recurrido a leer los titulares y las secciones de opinión del periódico del domingo y a escuchar un canal de televisión que ofrece todas las noticias mientras me estoy vistiendo o cocinando. Me conformo con tener el conocimiento suficiente para realizar preguntas razonablemente inteligentes que carecen de importancia real para mí. No tengo necesidad de ser una "cabina de información caminando" o de ser un icono de sabiduría en cada tema. ¿Estoy defendiendo la filosofía de que "la ignorancia es una dicha"? Por supuesto que no. Estoy practicando ser lo suficientemente segura como para aprender de los demás. Además, he descubierto que los demás te consideran una persona de conversación chispeante cuando todo lo que has hecho es plantearles preguntas o permitirles hablar de su tema favorito: ellos mismos.

No obstante, hace maravillas en tu confianza poder conversar sobre una amplia gama de temas. Nuevamente, cada persona debe decidir cuánto tiempo quiere invertir en asegurarse una gran base de conocimientos. Si eres el moderador de un programa de debate, un político o trabajas en cualquier otra profesión donde necesites tomarle el pulso al mundo, entonces profundiza en el material de lectura. Si no, lee los titulares.

Conocimiento espiritual

Creer que el conocimiento es poder es una verdad aún más dinámica en el reino espiritual.

La satisfacción de adquirir conocimientos seculares palidece en comparación con la seguridad emocional que se puede alcanzar al conocer a Dios y su Palabra. Proverbios 2:6 es un gran recordatorio: "Porque Jehová da la sabiduría, y de su boca viene el conocimiento y la inteligencia".

Cuanto más conozcas acerca de las promesas de Dios, más confianza tendrás. Incluso si nunca te conviertes en un experto en las habilidades seculares antes mencionadas, aún puedes andar con confianza suprema porque la verdadera confianza se logra conectando con Dios.

El conocimiento de la Palabra de Dios puede otorgar claridad a los asuntos enigmáticos de la vida. Cuando una determinada secta religiosa intentó forzar a Jesús a participar en un debate sobre un tema en particular, Él respondió: "Erráis, ignorando las Escrituras y el poder de Dios" (Mt. 22:29). Hay algunas verdades que debemos asentar en nuestros corazones y permitir que den paz a nuestros espíritus. Por ejemplo, yo he decidido en mi corazón que, de acuerdo con Isaías 14:27, nadie puede frustrar el propósito que Dios tiene para mi vida. También, según Romanos 8:28, no importa lo que suceda, las cosas están obrando para mi bien; por lo tanto, resisto la ansiedad y la preocupación. Debido a mi conocimiento de las Escrituras, también he decidido que, como un acto de mi voluntad, elegiré perdonar las ofensas que se perpetren contra mí para poder estar libre emocionalmente a fin de disfrutar la vida.

Mi oración constante es que Dios mantenga viva la llama de mi apetito por su Palabra. Siguiendo la advertencia de Salomón de "comprar la verdad" (Pr. 23:23), he invertido en cada recurso de estudio bíblico posible que puedo encontrar, desde software hasta libros y Biblias, para garantizar un acceso completo y una comprensión de la Palabra de Dios.

Daniel nos recuerda que Dios "da la sabiduría a los sabios, y la ciencia a los entendidos. Él revela lo profundo y lo escondido; conoce lo que está en tinieblas; y con él mora la luz" (Dn. 2:21-22).

Sí, la "luz", la revelación del conocimiento que necesitamos, por supuesto que le pertenece a Dios. Nunca tenemos que sentirnos inseguros respecto a cualquier aspecto de nuestro conocimiento cuando le conocemos a Él, que lo conoce todo.

Reto a la confianza

- El conocimiento es poder y la ignorancia, una elección. Elige el conocimiento.

- Enumera, por orden de importancia, las áreas de tu vida (por ejemplo: espiritual, vocacional, financiera, social, etc.) en las que debes aumentar tu conocimiento. Expresa exactamente qué crees que necesitas aprender. ¿Qué recurso usarás para obtener el conocimiento deseado? ¿Cuándo comenzarás? ¿A quién le pedirás que te haga un seguimiento?

Vivir sin propósito

"Porque yo sé los pensamientos que tengo acerca de vosotros, dice Jehová, pensamientos de paz, y no de mal, para daros el fin que esperáis".

JEREMÍAS 29:11

¿Tienes un sentido claro de por qué Dios te colocó sobre la tierra, o estás conduciendo a la deriva por la autopista de la vida sin un destino en mente? Una existencia sin propósito es un gran obstáculo para la seguridad emocional. ¿Cómo puedes andar con confianza suprema y la total garantía de que Dios te hará triunfar en tus esfuerzos si no sabes con certeza que estás en su camino? Lamentablemente, este es el estado de demasiados de los hijos de Dios. No están absolutamente seguros del propósito para el que han nacido. Por ende, marchan penosamente a través de sus rutinas diarias, insatisfechos y con frecuencia frustrados por su falta de rumbo. Esta no es la "vida abundante" que Jesús prometió en Juan 10:10.

LA ENERGÍA DEL PROPÓSITO

No hay nada más gratificante que ir tras el propósito que uno tiene, aún cuando la oposición parezca insoportable u otras distracciones amenacen con eclipsarlo. Hay una pasión, un fuego que se niega a ser apagado cuando uno se encierra en el plan de Dios para su vida.

Como ejecutiva financiera durante más de 30 años, parecería que cada cargo que ocupé en el mundo corporativo fue sumamente estresante y requirió que trabajara horas extras. Sin embargo, también estoy plenamente persuadida de que fui puesta en esta tierra para dar ejemplo y para enseñar —por medio de hablar y escribir— los principios de la libertad financiera, así como también los de las relaciones. Muchas veces, después de un día largo y exigente, llego a casa por la noche sintiéndome con el cerebro muerto. No obstante, parece que incluso cuando estoy más fatigada, experimento un aumento de energía y entusiasmo al sentarme ante la computadora y comenzar a escribir las revelaciones de Dios. Las Escrituras parecen venir vivas con la aplicación práctica. En esos momentos, sé sin lugar a dudas que estoy andando en mi propósito divino. La satisfacción personal que siento es indescriptible.

Puesto que andar en nuestro propósito es tan energizante, parece que si uno duda acerca de cuál es su propósito, una pregunta clave que uno se haría sería: "¿Qué me energiza y cómo puedo usar esta energía para mejorar la vida de los demás?". Por cierto, cada uno tiene algún nivel de pasión por algo. Por supuesto, he hablado con personas que dicen que no tienen pasión por nada. Creo que lo que en realidad quieren decir es que no tienen fe para creer que, en efecto, podrían hacer lo que realmente desean de corazón.

LA HUMILDAD EN EL PROPÓSITO

Jesús fue un ejemplo perfecto de lo que significa andar en el propósito divino. "Sabiendo Jesús que el Padre le había dado todas las cosas en las manos, y que había salido de Dios, y a Dios iba, se levantó de la cena, y se quitó su manto, y tomando una toalla, se la ciñó. Luego puso agua en un lebrillo, y comenzó a lavar los pies de los discípulos, y a enjugarlos con la toalla con que estaba ceñido" (Jn. 13:3-5).

Jesús era plenamente consciente de dos cosas: en primer lugar, Él conocía la fuente de su *poder*. Jesús no vino a la tierra a desarrollar la confianza en sí mismo. Él conocía y con frecuencia declaraba que Dios lo había habilitado para hacer todo lo que Él hizo. Él nos advirtió que recordáramos que fuera de Dios no podemos hacer nada. En segundo lugar, Él conocía su *propósito*. Había venido a buscar y a salvar a los perdidos. Finalmente, Él conocía el *plan* de

Dios para lograr ese propósito. Él podía obrar milagros que harían que muchos creyeran, y finalmente tuvo que enfrentarse a la cruz.

Una vez estés persuadido de tu propósito divino, puedes humillarte y servir a los demás sin por ello sentirte en desventaja o devaluado. Jesús lavó tranquilamente los pies de sus discípulos sin sentir que eso le quitara nada de su gloria. Después de todo, Él pronto regresaría a todos los honores y el esplendor que había gozado en el cielo antes de venir a la tierra.

Jesús no se preocupó porque alguien lo desairara; Él no compitió con nadie, ni siquiera con el diablo. Al igual que Jesús, debemos creer de corazón que la promoción y la exaltación provienen de Dios, punto. Nadie puede robarnos nuestro destino divino. ¿Por qué no? "Porque Jehová de los ejércitos lo ha determinado, ¿y quién lo impedirá? Y su mano extendida, ¿quién la hará retroceder?" (Is. 14:27).

VIVIR EN TU CARRIL

Cuando conducimos en las autopistas, con frecuencia vemos un cartel que dice "Solo camiones". De inmediato sabemos que determinada porción de la autopista ha sido apartada para: 1) facilitar el paso de camiones grandes y 2) para impedir el avance de los automóviles. En consecuencia, todos los vehículos pueden llegar a su destino más rápidamente si cada uno se mantiene en su carril respectivo. Lo mismo ocurre cuando tú estás seguro de tu propósito. Te sientes cómodo en tu carril. No te ves atrapado intentando seguir el camino exacto de los demás. No tomas la salida de la calle principal solo porque es la ruta que toma María para llegar a su destino. Comienzas a comprender que tu propósito puede estar en la calle trasera. Vaya si he aprendido esta lección.

Crecí en una denominación que abrazaba un estilo sumamente emocional en su predicación. Cuanto más alto se hablara, mejor respondería la multitud. También observé que ocasionalmente alguien venía a nuestra iglesia, un maestro, cuya disertación era esclarecedora pero sin una emoción extrema. Las personas no respondían tan bien porque habían sido condicionadas a la predicación de "alto volumen". Bueno, sabiendo que Dios me ha llamado para ser maestra, me encogía cada vez que recibía una invitación para hablar en iglesias de mi denominación. Cuando me paraba para hablar, siempre me disculpaba antes de comenzar diciendo: "Bueno, *solo* soy una maestra, así que probablemente no griten hoy...". Esta era mi no tan sutil forma de dejar que abandonaran toda expectativa de que se gritara al final del mensaje. Me sentía mucho más cómoda en iglesias donde el estilo del pastor se asemejaba al mío. Mi esposo siempre me alentó a ser solo yo misma pero mi inseguridad en esa área me cegaba al hecho de que la cantidad creciente de llamados para que disertara provenían de recomendaciones de compromisos pasados. Claramente, alguien debe haber considerado que mi enseñanza era beneficiosa.

No comprender el propósito de uno puede ser un gran obstáculo para la seguridad emocional. Si yo hubiera sabido que ya estaba andando en el propósito divino incluso en mi estilo de disertación, no hubiera tenido necesidad de pedir disculpas. Ahora me doy cuenta de que mi estilo de enseñanza, coherente con el don de enseñanza de Dios, es el "carril". Él lo ha ordenado para mí. Yo no tengo que imitar el estilo de nadie. Dios sabe qué necesitan sus hijos, y muchos de ellos simplemente son más receptivos a estilos particulares de hablar. Si un disertante elige "hacer sonar la bocina" mientras conduce, no hay necesidad de que yo haga lo mismo sólo porque parece atraer la atención de todos. Como en el ejemplo del camión citado anteriormente, tengo que respetar lo que él hace en su carril en lugar de criticarlo.

Simplemente porque seamos capaces de realizar una tarea no siempre quiere decir que Dios nos está llamando a hacerla.

Jesús permaneció en su carril y se negó a que nadie lo desviara de su propósito principal. Un día mientras Él estaba enseñando, fue interrumpido: "Le dijo uno de la multitud: Maestro, di a mi hermano que parta conmigo la herencia. Mas él le dijo: Hombre,

¿quién me ha puesto sobre vosotros como juez o partidor?"(Lc. 12:13-14). En esencia, Jesús estaba diciendo: "Mirad, no voy a distraerme actuando como árbitro entre vosotros dos. Eso no forma parte de mi propósito aquí en la tierra".

Ahora bien, debo confesar que me resulta difícil resistirme a la tentación de involucrarme en asuntos que no son parte de lo que Dios me ha llamado a hacer. En el pasado, con frecuencia he rescatado a gente para su perjuicio... y el mío. Todavía estoy aprendiendo a distinguir entre "puedo" y "llamado". Simplemente porque seamos capaces de realizar una tarea no siempre quiere decir que Dios nos esté llamando a hacerla.

Incluso hasta el día en que Jesús dio su vida en la cruz, aún había muchas personas enfermas que necesitaban sanación, personas esclavas que necesitaban liberación, y una miríada de otras situaciones imposibles que necesitaban su atención. Él sabía que a través de su muerte y resurrección, todo podría abordarse. Entonces, a pesar de los problemas sin resolver, Él, con confianza, le dio a su Padre celestial este informe sobre su ministerio: "Yo te he glorificado en la tierra; he acabado la obra que *tú* me diste que hiciese" (Jn. 17:4, cursivas añadidas). Se negó a dejar que Satanás, sus propios discípulos, miembros de la familia con buenas intenciones, personas necesitadas, o cualquier otro lo distrajeran de su propósito.

Reto a la confianza

- ¿Puedes expresar tu propósito divino en una única oración? ¿Lo estás persiguiendo ardientemente?

- Si todavía no sabes cuál es, piensa si estás abordando su búsqueda desde la perspectiva de cómo mejorará *tu* vida en lugar de las vidas de los demás.

Transgresiones del pasado

Si nuestro corazón no nos reprende,
confianza tenemos en Dios.

1 JUAN 3:21

SOMOS LA SUMA TOTAL de todo lo que experimentamos, lo bueno y lo malo. Podemos tratar de pensar o imaginar con todas nuestras fuerzas que la conducta negativa de nuestro pasado nunca ocurrió, o podemos decidir aceptar la realidad de la experiencia. Cómo elegimos responder al pasado determinará nuestro destino.

Todos hemos pecado. Al hacerlo, respondimos pidiéndole perdón a Dios y avanzando con fe en que no repetiríamos ese acto o bien seguimos aferrados a la culpa, siempre recordando con remordimiento que hemos hecho algo malo. La culpa puede causar mucha inseguridad. En el capítulo sobre el "Síndrome de Saúl" vimos cómo los celos de Saúl lo llevaron a ir tras la vida de David, porque Saúl temía que David ocupara su lugar como rey. La inseguridad de Saúl estaba bien fundamentada. Dios ya se había pronunciado en cuanto a que, debido a la desobediencia de Saúl, le quitaría el reinado y se lo daría a otra persona. Muchas veces cuando sabemos que no hemos hecho lo debido, o hemos sido remisos en nuestras responsabilidades, desarrollamos un sentimiento de ansiedad acerca de las posibles consecuencias. Por ejemplo, muchos hombres y mujeres están plagados de celos por su propia infidelidad o indiscreciones previas. Viven con gran temor pensando que un día cosecharán lo que han sembrado. Algunos incluso han recurrido al maltrato verbal y físico de su pareja para detener lo que creen que es inevitable. Vamos a reflexionar sobre la historia de alguien a quien llamaremos Sara.

Sara tuvo una aventura amorosa con un hombre casado y ahora vive con el temor acuciante de que su esposo algún día viole sus votos matrimoniales. Ella sospecha de la mayoría de las mujeres que se relacionan con él. Su inseguridad no ha pasado desapercibida para sus amigos y conocidos. Además, puesto que Sara violó la ley de Dios así como su propio sentido de la moralidad, está ansiosa por el castigo que siente que merece. Ella me confesó que esto la mantiene en un estado de ansiedad e inseguridad constante. ¿Cómo puede liberarse Sara de su dilema? Debe pedir y aceptar el perdón de Dios. Esto suena simple, pero todos nosotros sabemos que no es fácil. Se requiere fe para aceptar el perdón de Dios y para liberarnos de la culpa y la condena. Cuando nos arrepentimos, debemos *creer* en su promesa: "Y nunca más me acordaré de sus pecados y de sus transgresiones" (He. 10:17). Dios no recuerda el pecado confesado, así que nosotros tenemos que dejar de revivirlo. Dios no quiere oír hablar de él nunca más. Él aclara: "Pues donde hay remisión de éstos, no hay más ofrenda por el pecado" (v. 18). Basta con una vez. No hay necesidad de arrepentirse después de la primera vez. Hacerlo es ofrecer otro sacrificio. Demasiadas personas sacrifican el resto de sus vidas en el altar del remordimiento por una única transgresión. Hace unos años, "Eso está muerto" era una expresión popular entre los jóvenes y los vanguardistas. Lo que querían decir con eso era que el asunto o la situación ya no era de importancia ni tenía consecuencias. Cuando Dios te perdone y el diablo venga a recordarte tus transgresiones pasadas, responde con un grito: "¡Eso está muerto!".

Ha llegado el momento de que Sara deje de mirar por el espejo retrovisor mientras conduce por el camino de la vida. Descubrirá

Demasiadas personas sacrifican el resto de sus vidas en el altar del remordimiento por una única transgresión.

nuevos horizontes, libertad emocional y una relación más fuerte con su esposo cuando se concentre en el amplio parabrisas del futuro. Y no, no es absolutamente necesario que le confiese su indiscreción previa a su esposo. Su decisión de hacerlo debe estar anclada en la oración con una consideración cuidadosa del nivel de madurez espiritual y emocional de su esposo para manejar tal verdad. De otro modo, su confesión haría que él comenzara a dejar de confiar en ella y en consecuencia crearía una nueva serie de problemas.

Obediencia y seguridad

Cuando sabes que te has comportado de manera coherente con las normas devotas, tienes una sensación interior de seguridad y fuerza. La confianza de Jesús provenía de saber que Él obedeció a Dios. "Porque el que me envió, conmigo está; no me ha dejado solo el Padre, porque yo hago siempre lo que le agrada"(Jn. 8:29). El apóstol Juan se hizo eco de una convicción similar: "Amados, si nuestro corazón no nos reprende, confianza tenemos en Dios; y cualquiera cosa que pidiéremos la recibiremos de él, porque guardamos sus mandamientos, y hacemos las cosas que son agradables delante de él" (1 Jn. 3:21-22).

Hace muchos años, trabajé como vicepresidenta de un complejo de centros de entretenimiento. La compañía estaba a punto de ser adquirida por otra entidad. Sin embargo, me sentí morir cuando me enteré de que la compañía subsidiaria en la que estaba empleada cerraría en el siguiente año como parte de una reestructuración corporativa. Ocupaba un cargo importante que incluía una oficina decorada con mucho gusto, y un estupendo paquete de retribuciones tan típico de la industria del entretenimiento. Y además no ansiaba comenzar una búsqueda de empleo.

Los salarios en la industria del entretenimiento en general solían ser mucho más altos en ese momento que en otras industrias. Sabía que sería difícil encontrar un nuevo cargo con beneficios similares, así que comencé a ponerme un poco nerviosa. Lo primero que me preguntó mi marido cuando le dije que mi compañía subsidiaria iba a cerrar fue: "¿Hay algún pecado en tu vida?" (¡Imagínate!) Le aseguré que estaba actualizada respecto a la confesión del pecado. Intenté convertir en hábito mantener abierta la puerta del arrepentimiento para que mi canal con Dios no tuviera obstáculos. Luego, él me aseguró que podíamos relajarnos y creer en la provisión de Dios.

Con la confianza puesta en la promesa de Dios de multiplicar las semillas que habíamos plantado no solo en nuestra iglesia, sino también en las vidas de los demás, y seguros de haber andado en obediencia e integridad respecto a nuestras finanzas, liberé toda ansiedad, es decir, hasta aproximadamente 30 días antes de la fecha designada para el cierre. No recibí ni una oferta de trabajo, básicamente debido al hecho de que solo les había hablado a algunos conocidos del asunto y a que no había enviado ningún currículum vitae. Un sábado Darnell y yo estábamos en el auto y exclamé con frustración: "Señor, si me desilusionas, se lo voy a contar a todo el mundo". Imagínate, amenazar con arruinar la reputación de Dios. Pasmado por lo que había dicho, Darnell respondió: "Dios, ese es su lado del auto. Por favor no me mates de un golpe". Unas pocas semanas más tarde, una gran empresa, a través de un ejecutivo que se encargaba de reclutar, ¡me ofreció una posición de alto nivel con un 20% de aumento! El empleo fue creado y las responsabilidades fueron definidas *después* de haber estado a bordo varias semanas con pocas cosas que hacer. ¡Dios lo había hecho de nuevo! No creo que pudiera haber tenido la confianza de creer en tal milagro de haber tenido que luchar con una conciencia culpable por vivir en desobediencia.

Debemos hacer todos los esfuerzos posibles para alinear nuestras vidas con los requisitos de Dios. Cuando lo hacemos, eso tiene un gran impacto sobre nuestro sentido de seguridad. "Y el efecto de la justicia será paz; y la labor de la justicia, reposo y seguridad para siempre" (Is. 32:17).

Reto a la confianza

- ¿Tienes algún pecado *no confesado* que evita que andes con total confianza? Arrepiéntete ahora y acepta el perdón de Dios.

- ¿Te estás arrepintiendo todavía de un pecado que cometiste hace mucho tiempo? ¿Puedes reposar ahora que sabes que Dios ni siquiera lo recuerda?

Perfeccionismo

¿Tan necios sois? ¿Habiendo comenzado
por el Espíritu, ahora vais a acabar por la carne?

GÁLATAS 3:3

¿TE MORTIFICAS cuando, a pesar de tus mejores esfuerzos, no cumples con tus expectativas? ¿Sientes que lo que logras nunca es lo suficientemente bueno? ¿Eres lento para tomar una decisión o para entregar un proyecto porque debes asegurarte de que es lo correcto? ¿Tu búsqueda de no tener culpa es en realidad un intento de protegerte de las críticas y la desaprobación? ¿Siempre estás intentando mejorar algún aspecto físico de ti mismo que la gente ya admira? Si respondiste afirmativamente a cualquiera de las preguntas anteriores, esta sería mi última pregunta: ¿Estás preparado para abandonar la prisión del perfeccionismo?

El perfeccionismo es una mentalidad de pensamientos y conductas de autodestrucción dirigidos a alcanzar metas irreales. El afamado psicólogo doctor David Viscott lo explicó de esta manera:

> El deseo de un adulto controlador de ser perfecto parte del deseo infantil de no sentir culpa. Puesto que el verdadero crecimiento significa abrazar los defectos y analizar las debilidades, las personas controladoras corren el gran riesgo de convertirse en rígidas y en fracasar debido a su insistencia en tener siempre razón. Necesitan sentir que están más allá de las críticas para que nadie tenga una buena razón para negarles lo que necesitan o para rechazarlos. Ellos creen que necesitan ser perfectos para estar seguros, así que admitir incluso pequeñas imperfecciones les hace sentir incómodos

y con dudas sobre sí mismos. Si pueden ser imperfectos en una cosa, razonan, podrían ser imperfectos en otras. Puesto que ser imperfecto es un hecho de la vida, reconocerse sinceramente es una amenaza constante a su autoestima. Incluso las críticas menores les impulsan a refutar la lógica y el testimonio de los demás.[2]

En la sociedad actual, muchas personas creen que ser perfeccionista es deseable y necesario para tener éxito. Por lo tanto, se invisten de perfeccionismo como una medalla de honor y una fuente de orgullo. Dios no permita que se liberen de una conducta que aplaude la sociedad. La verdadera realidad es que el perfeccionismo es un gran obstáculo para lograr la seguridad emocional.

En este capítulo te voy a desafiar a enfrentar tu conducta perfeccionista en tres áreas: perfección espiritual, perfección en la ejecución y perfección física. Mi meta es lograr que abandones el pensamiento que te roba la paz, la productividad y la satisfacción personal que puedes experimentar una vez que aceptas las debilidades, las imperfecciones y las dificultades inherentes al ser humano. Nunca serás capaz de experimentar seguridad emocional si sientes que debes asegurarte de que todo lo relacionado contigo sea perfecto.

Perfección espiritual

Los fariseos eran un grupo despreciable. Este sector de los judíos buscaba la perfección en la observancia de las leyes de Moisés y en las tradiciones de sus ancianos. Eran tan santurrones que incluso se separaban de otros judíos. Denostaban a todo judío —incluyendo a Jesús— que no cumpliera con sus interpretaciones estrictas de la ley. Criticaban el hecho de que Él no participaba en el lavado de manos ceremonial antes de comer, de que sanaba gente en el día de reposo y que parecía no respetar varias de sus tradiciones. Jesús, siendo la persona segura que era, se negó a convertirse en un títere de sus opiniones. Su respuesta a ellos pareció ser directamente ofensiva. Los llamó hipócritas y les dijo a las demás personas que tuvieran cuidado con ellos.

¿Por qué se oponía Jesús tan obstinadamente a este grupo? Porque Él no solo vino a traer un pacto de gracia que cumpliría y trascendería la ley, sino que también sabía cuán fútil era procurar la perfección humana. Sin embargo, Él pareció contradecirse cuando les ordenó a sus discípulos: "Sed, pues, vosotros perfectos, como vuestro Padre que está en los cielos es perfecto" (Mt. 5:48). ¿Estaba dando Jesús un doble mensaje? Encontramos claridad en su mandato cuando observamos cuidadosamente el significado de la palabra "perfecto". Ser perfecto es ser completo o maduro. La perfección que Dios requiere es simplemente un corazón maduro en amor y completamente dedicado a hacer la voluntad de Dios a la manera de Dios. En ningún lugar, la Biblia equipara la falta de pecado con la perfección. El apóstol Pablo comprendía este hecho demasiado bien. Él confesó: "No que lo haya alcanzado ya, ni que ya sea perfecto; sino que prosigo, por ver si logro asir aquello para lo cual fui también asido por Cristo Jesús" (Fil. 3:12).

De hecho, un objetivo era vivir libre de pecado. Sin embargo, nuestro Señor sabía que como humanos falibles ocasionalmente no cumpliríamos del todo con sus requisitos, ya se tratara de palabras, pensamientos u obras. Por lo tanto, Él colocó un recurso momentáneo en su lugar para tratar con nuestras transgresiones. "Hijitos míos, estas cosas os escribo para que no pequéis; y si alguno hubiere pecado, abogado tenemos para con el Padre, a Jesucristo el justo" (1 Jn. 2:1). Jesús fue la única persona que anduvo en carne humana y que podía reclamar la perfección.

El fracaso puede ser una herramienta de enseñanza. Dios nunca se sorprende ni se impacta cuando fracasamos. Él es omnisciente; Él conoce lo que haremos mucho antes de que lo hagamos.

La perfección que Dios requiere es simplemente un corazón maduro en el amor y completamente dedicado a hacer la voluntad de Dios a la manera de Dios.

Tampoco se desilusiona jamás por nuestros actos, porque desilusionarse es experimentar una expectativa no cumplida.

A pesar de nuestros actos, Dios está preparado para perdonarnos en el momento en que nos arrepintamos. "Cuanto está lejos el oriente del occidente, hizo alejar de nosotros nuestras rebeliones. Como el padre se compadece de los hijos, se compadece Jehová de los que le temen. Porque él conoce nuestra condición; se acuerda de que somos polvo" (Sal. 103:12-14).

Cuando lleguemos a comprender que el fracaso puede ser una herramienta clave en nuestro desarrollo espiritual y emocional, dejaremos de lado la autoflagelación y nuestros tropiezos de culpa. En cambio, abrazaremos el poder de convicción del Espíritu Santo, pediremos y aceptaremos el perdón de Dios y avanzaremos, en gran parte como lo hizo el apóstol Pablo: "Hermanos, yo mismo no pretendo haberlo ya alcanzado; pero una cosa hago: olvidando ciertamente lo que queda atrás, y extendiéndome a lo que está delante, prosigo a la meta, al premio del supremo llamamiento de Dios en Cristo Jesús" (Fil. 3:13-14). No hay necesidad de vagar en el desierto de la condena cuando Dios tiene una tierra prometida esperando ser habitada. En lugar de preguntar: "¿Cómo pudo haberme sucedido esto?" o "¿Alguna vez seré adecuado para su servicio?", debemos preguntarnos: "¿Qué lección puedo aprender de esto?" La verdadera tragedia al fracasar se produce cuando seguimos yendo a la misma montaña y cometiendo los mismos errores.

Perfección en la ejecución

Están aquellos que, en lugar de buscar su relación perfecta con Dios, eligen obtener las críticas elogiosas del hombre por medio de una ejecución impecable. Pongamos por ejemplo a una conocida a quien llamaré Diana. Diana es una mujer insoportablemente inflexible y quisquillosa. Todo debe hacerse de acuerdo a sus elevadas normas irreales. Se crió en la típica pecera y rápidamente aprendió que, como hija del pastor, se esperaba que fuera intachable en todos los aspectos de su existencia. Diana trató de evitar cometer errores a toda costa para no abochornar a su padre o manchar la imagen perfecta de la familia. Si bien ha pasado mucho tiempo desde que se convirtió en adulta y ya no está sujeta al escrutinio de la congregación criticona de su padre, ella continúa buscando la perfección en todo lo que hace. Es sumamente sensible a cualquier crítica constructiva. Se eriza ante la menor sugerencia de una mejora en sus planes grabados en piedra.

Los intentos sin fin de Diana de ser perfecta la alejan de los demás. También agria sus relaciones con los que se atreven a ayudarla en diversos proyectos de caridad. No es necesario decir que su perfeccionismo la mantiene en un círculo vicioso de actividad. Ella establece normas irreales para ella o para los demás y se etiqueta (o los etiqueta a ellos) como un fracaso por no poder cumplir con esas normas. Con cada nuevo proyecto, ella comienza a procesar todo de nuevo más resuelta a que esta vez resulte perfecto. Cada experiencia solo sirve para erosionar más su sentido de la seguridad. Hasta la fecha, no ha aprendido la diferencia entre el perfeccionismo y la búsqueda sana de la excelencia. En consecuencia, obtiene poca satisfacción de sus esfuerzos nobles por ayudar a los demás.

Los perfeccionistas deben aprender a disfrutar del proceso de lograr sus metas sin obsesionarse por el resultado final.

Diana debe comprender la raíz de su perfeccionismo. Ella debe responder con sinceridad a la pregunta: "¿A qué le temo realmente?" Luego, debe preguntarse: "¿Qué es lo peor que podría suceder si las cosas no resultaran perfectas?" Cuando se detenga y considere los posibles resultados, puede que descubra que sus temores no tienen una base tan fuerte como ella pensaba.

¿Es tan trágico cometer un error? He tratado con mi propio perfeccionismo a la hora de realizar las cosas con algún éxito. Por ejemplo, me di cuenta de que cuando exigía perfección a mi personal, mi verdadero temor era que cualquier error que cometieran haría que los demás pensaran que yo era personalmente incompetente. Mi departamento tenía un perfil alto porque servía a toda la organización. Parecía que el personal quisiera sabotear mi imagen, o así es cómo lo percibía ya que la cosa terminaba en mí. Sabían que no toleraba una mala ejecución; por eso, creían que cada error los acercaba a ser despedidos. Tras una serie de errores del personal, yo estaba al borde de perder la cordura. Tenía procedimientos documentados, alentaba las preguntas, mantenía una política de puertas abiertas y había hecho todo lo que sabía para asegurar un funcionamiento eficiente. Oré seriamente por una revelación. Dios me otorgó una nueva mentalidad y una nueva estrategia para la situación. Convoqué una reunión de personal y liberé a todos de la prisión de la perfección. Les pedí que pusieran todo de su parte y anoté formas de evitar repetir las mismas equivocaciones en el futuro. Incluso les conté varias ocasiones en las que yo cometí errores. Sucedió algo maravilloso. Sus niveles de ansiedad decayeron y subió el espíritu. Dejaron de señalarse con el dedo porque las soluciones de equipo se tornaron más importantes que echar las culpas. En nuestras reuniones de personal, hasta comenzamos a ver humor en algunos de los errores, que, dicho sea de paso, disminuyeron significativamente.

Nunca fue mi intención para mi búsqueda de la excelencia llegar al perfeccionismo que producía ansiedad y que me ocasionaba a mí y a ellos una frustración que influía negativamente en la calidad de todas nuestras vidas.

Mis experiencias me han enseñado que los perfeccionistas deben aprender a disfrutar del proceso de lograr sus metas sin obsesionarse por el resultado final. Deben volverse más flexibles y lo suficientemente maduros como para solicitar y prestar atención a una opinión sincera. Y lo más importante es que los perfeccionistas deben entregar todos sus planes a Dios y creer que Él obrará las cosas para bien mientras sigan su guía. Me resulta interesante que Noé, un aficionado guiado por Dios, construyera el arca mientras que profesionales, usando lo mejor de la sabiduría humana, construyeran el *Titanic*. El arca cumplió con su propósito. El *Titanic* se hundió.

PERFECCIÓN FÍSICA

La obesidad es la preocupación número uno en lo concerniente a la salud en Estados Unidos. Sin embargo, cabe advertir que no siempre son los obesos los que están obsesionados por su apariencia física. En cambio, es básicamente la gente —especialmente las mujeres— que ya está dentro de un rango de peso aceptable la que lucha por lograr la perfección física. Yo vivo en el sur de California, donde parece que se adora más la belleza física que a Dios. Por supuesto, la presencia de la industria de la televisión y el cine aquí con sus hábiles artistas de maquillaje y expertos en cambios de imagen ha establecido una norma de belleza que solo unos pocos pueden alcanzar. Aún así, la influencia de Hollywood se ha infiltrado en todo el país y hasta en todo el mundo. Con razón la inseguridad reina entre las masas.

Para algunas mujeres, en especial las que pueden pagarlo (e incluso algunas que no pueden), la menor imperfección necesita una llamada a un especialista para que la "arregle". Abundan las cirugías plásticas para mejorar la belleza a pesar de que muchas personas han muerto o sufrido complicaciones graves intentando lograr el cuerpo o el rostro perfecto.

Algunas personas se vuelven inseguras de sus mejores rasgos. Por ejemplo, suponga que la gente le dice con frecuencia a una mujer que tiene un cabello, unos dientes, o una piel hermosos. En poco tiempo, ella puede comenzar a obsesionarse con formas de asegurarse de que el rasgo elogiado siempre esté perfecto. Algunas mujeres realmente han arruinado algo que era naturalmente hermoso al intentar perfeccionarlo.

La gran pregunta aquí es ¿cuán lejos deben ir los hijos de Dios para maximizar su atractivo? ¿Qué dice la Biblia sobre alterar el único mazo de cartas físicas que Dios ha dado?

DISEÑADO PARA EL DESTINO

¿Sabías que Dios dictó nuestros rasgos físicos inmodificables incluso antes de que entrásemos en este mundo? El salmista declaró: "Porque tú formaste mis entrañas; tú me hiciste en el vientre de mi madre" (Sal. 139:13). De acuerdo con el profeta Isaías, cada aspecto de nuestro cuerpo fue diseñado para cumplir su propósito divino: "Ahora pues, dice Jehová, el que me formó desde el vientre para ser su siervo" (Is. 49:5). Dios deliberadamente dio forma a cada uno de nosotros para su servicio. ¿Cómo podemos entonces quejarnos de ser demasiado bajos, demasiado altos, demasiado morenos, demasiado pálidos o demasiado cualquier cosa que sea inmutable?

¿Cómo puede cualquier cosa que Dios formó ser demasiado algo?

La palabra "también" implica que algo está más allá de lo que es deseable o más de lo que debiéramos ser. Tal declaración sobre la creación de Dios es un rechazo a su juicio. ¿Cómo puede cualquier cosa que Dios formó ser *demasiado* algo? Lo que estamos diciendo en realidad es: "Este rasgo no cumple con la norma de belleza prescrita por la sociedad" Entonces, dejamos que nuestros atributos que no cumplen con ella nos hagan volvernos inseguros y nos priven de nuestra confianza. Luego sentimos que nuestra única solución es cambiar el rasgo no deseado. Vaya cachetazo en la cara de Dios. Escucha lo que Él tiene que decir acerca de nuestro rechazo a su juicio:

> "¡Ay del que pleitea con su Hacedor! ¡el tiesto con los tiestos de la tierra! ¿Dirá el barro al que lo labra: ¿Qué haces? O tu obra: ¿No tiene manos? ¡Ay del que dice al Padre: ¿Por qué engendraste? Y a la mujer ¿Por qué diste a luz? Así dice Jehová, el Santo de Israel, y su Formador: Preguntadme de las cosas por venir; mandadme acerca de mis hijos, y acerca de la obra de mis manos" (Is. 45:9-11).

Puesto que no podemos perfeccionar lo que Dios ya ha perfeccionado para su propósito, nuestro objetivo debería ser aceptar la obra de sus manos. ¿Cómo lo hacemos? ¿Aceptar nuestros rasgos significa que deben gustarnos?

Antes de explorar las respuestas a estas preguntas, distingamos entre los rasgos que pueden cambiarse y los que no. Aunque Dios dictaminó nuestra posición vertical (altura), nuestra dimensión horizontal (peso), en gran parte, ha sido dictada por nuestros hábitos alimenticios y de ejercicio. La altura no puede cambiarse; pero el peso puede controlarse incluso a pesar de los factores hereditarios. Ejemplos de otros rasgos que no pueden cambiarse incluyen los ojos, la nariz, la piel, la estructura corporal y la etnicidad, por nombrar algunos. Fortalecerás tu seguridad emocional cuando hagas las paces con cada aspecto de tu ser. Por la gracia de Dios y la habilitación divina, debes aceptar de verdad —no meramente resignarte— su diseño soberano. Cuando lo hagas, dejarás de compararte con los demás y de juzgarte como inferior o superior. La falta de naturalidad y el hecho de preocuparte por la apariencia exterior desaparecerán. Ahora has limpiado el camino para que brille tu belleza verdadera, la interior.

CORREGIR DISTRACCIONES

Si un atributo físico te *impide* comunicarte o ser efectivo, y Dios te da los medios y el visto bueno para corregirlo, entonces, indudablemente, procede.

Cuando tenía unos veinte años conocí y salí con un joven que tenía un diente delantero que era significativamente más grande que el otro. Era un ejecutivo brillante con grandes habilidades de oratoria. Lamentablemente, yo no podía dejar de concentrarme en ese diente todo el tiempo mientras él hablaba. Finalmente reuní el valor para recomendarle un buen dentista, que luego le puso una funda y alineó su incisivo. Su sonrisa mejoró mucho. Lo último que oí de él era que seguía subiendo puestos en la carrera corporativa.

¿Cuál es el estado de tu sonrisa? Invertir en la mejor sonrisa que puedas pagar es dinero bien gastado. Tu sonrisa puede ser tu tarjeta de presentación más efectiva y un reflejo instantáneo del amor de Dios en tu corazón.

Si llenar un agujero entre tus dientes, quitarte un lunar prominente, hacerte un injerto en el cabello debilitado o corregir otra característica de distracción mejora tu efectividad, entonces es dinero bien invertido y hará maravillas en tu autoestima. No esperes que otra persona te lo señale. Simplemente mírate con sinceridad al espejo. O pregúntale a algún amigo sincero que realmente lo quiera. Hace poco yo me topé con una anciana que se había arreglado los dientes. Siempre vestía ropas hermosas, pero su boca (antes de arreglarse los dientes) estaba hecha una desgracia, Le señalé cuán hermosa era su sonrisa. Ella me dijo que nadie le había dicho nunca que tenía que hacerse el arreglo estético, sin embargo yo había oído a varias personas hablar sobre ello.

Tienes que saber que has sido diseñado para tu destino, confeccionado para tus tareas y perfeccionado para tu propósito.

Recuerda que el propósito principal de cualquier corrección física debe ser eliminar o minimizar distracciones a tu mensaje y no tratar de perfeccionar el diseño de Dios.

El hecho de abandonar el perfeccionismo físico no tiene que ver con gustarse a uno mismo, sino con confiar en Dios lo suficiente como para aceptar y regocijarse en su diseño físico. Con frecuencia me recuerdo a mí misma que Dios quiere que mida 1,60 metros, que tenga un pelo grueso y que posea otras características físicas para cumplir con su propósito en mi vida.

Ha llegado el momento de experimentar la paz corporal. Tienes que saber que has sido diseñado para tu destino, confeccionado para tus tareas y perfeccionado para tu propósito.

Reto a la confianza

- Puesto que las personas conectarán mejor contigo a través de tu vulnerabilidad y tus debilidades, aprende a aceptar tu propia humanidad y a volverte más accesible. Identifica conductas perfeccionistas específicas en diversas áreas de tu vida (espiritual, ejecutiva, física) y toma una decisión consciente de ponerles fin.

* Nombra una cosa en la que trabajarás específicamente.

El orgullo

*Revestíos de humildad, porque Dios
resiste a los soberbios.*

1 PEDRO 5:5

EL ORGULLO, ESE SENTIDO DESMESURADO de la propia superioridad, ha estado en la raíz de algunas de las principales tragedias del mundo. Puede destruir la vida de una persona más rápido que una bala. Las Escrituras nos recuerdan cuánto odia Dios el orgullo. Fue debido al orgullo que Lucifer intentó exaltarse por encima de Dios y, al hacerlo, persuadió a una hueste de ángeles a que se rebelaran en el cielo (Is. 14). El orgullo dejó su marca en la tierra. Fue el orgullo lo que hizo que Ahitofel se suicidara porque Absalón no aceptó su consejo (2 S. 17:23). El orgullo hizo que Amán tramara la muerte de Mardoqueo y de todos los judíos porque Mardoqueo no se postraba ante él (Est. 3:5). Dios trajo el desastre sobre la ciudad costera próspera de Tiro para destruir su orgullo y para "envilecer la soberbia de toda gloria" (Is. 23:9). Los soberbios nunca terminan bien.

Benjamin Franklin dijo: "Tal vez ninguna de nuestras pasiones naturales sea tan difícil de dominar como el orgullo. Aplástelo, ahóguelo, mortifíquelo tanto como le plazca, sigue vivo. Incluso si pudiera concebir que lo he vencido por completo, probablemente estaría orgulloso de mi humildad".

Al orgullo le encanta la notoriedad y la gloria de llevarse el mérito. Un colaborador me contó una historia de dos patos y un sapo que vivían felizmente juntos en el estanque de una granja. Siendo muy buenos amigos, los tres se divertían y jugaban juntos en el agua. Sin embargo, cuando vinieron los días calurosos del verano, el estanque comenzó a secarse, y pronto resultó evidente que debían abandonarlo. Este no era problema para los patos, quienes fácilmente podían volar a otro estanque. Pero el sapo estaba atrapado. Tras pensarlo, ideó un plan perfecto. Sugirió que los patos colocaran un palo en sus picos para que él pudiera colgarse de allí con su boca mientras volaban a otro estanque a unos pocos kilómetros de distancia. El plan funcionó bien, tan bien, de hecho, que mientras estaban volando, varias personas miraron hacia arriba y aplaudieron su ingenio. Con cada elogio, el sapo se enorgullecía más. Justo cuando estaban por llegar a su destino, un granjero miró hacia arriba con admiración y exclamó: "Vaya, ¿no es esa una idea inteligente? Me pregunto a quién se le habrá ocurrido". Ansioso por llevarse el mérito, el sapo gritó: "¡Fui yo!" y se hundió en su muerte. "Antes del quebrantamiento es la soberbia, y antes de la caída la altivez de espíritu" (Pr. 16:18).

> *Si el exaltado se niega a humillarse, no deja a Dios otra opción que hacerlo por él.*

EL ORGULLO IMPIDE LA INTIMIDAD CON DIOS

Como Dios resiste a los soberbios, una persona que anda en el orgullo no puede experimentar una relación estrecha, íntima y confiada con Él. Su orgullo lo ciega en su insignificancia cuando se compara con Dios Todopoderoso. Su estimación propia es tan ridícula como la pulga que le dijo al elefante: "Agárrate fuerte, estoy a punto de atacar".

Dios no tolera el orgullo de nadie. Si el exaltado se niega a humillarse, no deja a Dios otra opción que hacerlo por él. Pregúntale al rey Nabucodonosor. Su orgullo le venció un día mientras caminaba por el techo de su palacio. "Habló el rey y dijo: ¿No es esta la gran Babilonia que yo edifiqué para casa real con la fuerza de mi poder, y para gloria de mi majestad?" (Dn. 4:30). Imagínate, otorgarse el crédito por lo que Dios le había dado. Un año antes

Daniel le había dicho al rey a través de la interpretación de su sueño que debía cambiar sus maneras. Él había ignorado la advertencia de Daniel. Ahora, ya era suficiente. Dios interrumpió su momento de orgullo. "Aún estaba la palabra en la boca del rey, cuando vino una voz del cielo: A ti se te dice, rey Nabucodonosor: El reino ha sido quitado de ti" (Dn. 4:31). En palabras del multimillonario empresario Donald Trump: "¡Estás despedido!" Dios exiló a Nabucodonosor a los campos durante siete años. Debía comer hierba como una vaca. Ya no contaba con los privilegios de acicalamiento personal. Su cabello creció tan largo como las plumas de un águila y sus uñas eran como las garras de las aves. Perdió su cordura. Su orgullo lo había empequeñecido. Se había convertido en alguien demasiado ensimismado. Alguien dijo una vez: "Un hombre envuelto en sí mismo es un paquete bastante pequeño".

Dios llevó a Nabucodonosor tan abajo, que durante siete años, la única dirección a la que podía mirar era hacia arriba. Finalmente había aprendido que Dios rige en los asuntos de los hombres y que otorga reinos a aquellos a los que Él desea dárselos. El orgullo de Nabucodonosor le había costado todo. Ahora, estaba preparado para andar en humildad. Cuando se humilló, Dios tuvo misericordia de él y le devolvió la cordura y su reinado. Volvió del campo declarando la soberanía de Dios sobre otros reyes y reinados. "Ahora yo Nabucodonosor alabo, engrandezco y glorifico al Rey del cielo, porque todas sus obras son verdaderas, y sus caminos justos; y él puede humillar a los que andan con soberbia" (Dn. 4:37).

> *Un hombre envuelto en sí mismo es un paquete bastante pequeño.*

LA TRAMPA DE LA CONFIANZA EN UNO MISMO

El orgullo promueve la confianza en uno mismo. Nos dice que realmente podemos hacer cosas por nuestros propios medios. En nuestro intento de tener confianza en nosotros mismos, le cerramos la puerta en la cara a Dios y a la obra del Espíritu Santo, nuestro ayudador.

El apóstol Pablo podía alardear de ser culto, sofisticado y consagrado, sin embargo declaró con humildad: "Pero por la gracia de Dios soy lo que soy; y su gracia no ha sido en vano para conmigo, antes he trabajado más que todos ellos; pero no yo, sino la gracia de Dios conmigo" (1 Co. 15:10).

Durante muchos años fui una firme defensora de la confianza en uno mismo. Abracé las enseñanzas de los disertantes motivacionales seculares que me convencieron de que, si creía *en mí misma*, el cielo era el límite en términos de lo que podía lograr. Sin embargo, habiendo enfrentado varias situaciones profesionales y personales que requerían más habilidades, conocimiento y entereza mental de las que yo poseía, comencé a darme cuenta de que la confianza en mí misma era lamentablemente incompetente. La inteligencia solo le puede llevar a uno hasta cierto punto. Debía confiar en alguien o en algo más grande y mejor equipado.

Como expliqué en un capítulo anterior, el significado principal de la palabra "confianza" es "con fe". La confianza en uno mismo resalta la fe o la confianza en los poderes, las capacidades o las habilidades de uno. El general George S. Patton afirmó una vez: "La cualidad más vital que puede poseer un soldado es la confianza en sí mismo". Por supuesto que entiendo el intento del general de motivar a las tropas con este consejo mundano. Sin embargo, fue solo eso, un consejo mundano. La cualidad más *perjudicial* que podemos tener es la confianza en nosotros mismos. Jesús explicó por qué. "Yo soy la vid, vosotros los pámpanos; el que permanece en mí, y yo en él, éste lleva mucho fruto; porque separados de mí nada podéis hacer" (Jn. 15:5).

Ya que no podemos hacer nada sin Dios, parece que el foco de nuestra fe o confianza debe estar en Él y no en nosotros.

Cuando falla la confianza

La confianza en nosotros mismos nos hace actuar independientemente de Dios. Además, cuando una persona con confianza en sí misma y en su propia fuerza fracasa, con frecuencia se siente destruido al darse cuenta, con dolor, de su incompetencia. Su orgullo no le permite aceptar la responsabilidad plena del fracaso, así que culpa a los demás o a las situaciones sobre las que sostiene que no tiene ningún control. Ahora, su confianza propia se ha convertido en un obstáculo para su sentido de paz y seguridad.

Por otra parte, cuando se descarrían los planes de una persona que camina en la confianza suprema, es lo suficientemente sabia como para subordinar sus deseos a la voluntad soberana de Dios. Rápidamente se recuerda a sí misma que: "Muchos pensamientos hay en el corazón del hombre; mas el consejo de Jehová prevalecerá" (Pr. 19:21). Él está convencido de que Dios tiene un propósito más elevado para su vida y que ningún hombre lo puede frustrar. Por lo tanto, no tiene necesidad de revolcarse en el terreno de la desilusión.

CONFIANZA EN EL HOMBRE

Si bien las personas luchan con el orgullo y la confianza propia, hay quienes depositan su fe en la fuerza de los demás. Por ejemplo, el rey Asa de Judá tenía un corazón perfecto hacia Dios. A diferencia de sus predecesores, rechazó los ídolos de su época e hizo toda clase de intentos por andar con justicia ante Dios. Sin embargo, cuando una nación enemiga vino contra él, sintió pánico. Realizó una alianza militar con otro rey con fondos que tomó de la casa de Dios. Al oír las novedades de la coalición de Asa con otro ejército fuerte y bien equipado, su enemigo se replegó. Misión cumplida. Asa había descubierto la solución. Su plan había funcionado, o eso parecía.

Dios envió al profeta Hanani para reprender a Asa por su acto infiel: "Por cuanto te has apoyado en el rey de Siria, y no te apoyaste en Jehová tu Dios, por eso el ejército del rey de Siria ha escapado de tus manos. Los etíopes y los libios, ¿no eran un ejército numerosísimo, con carros y mucha gente de a caballo? Con todo, porque te apoyaste en Jehová, él los entregó en tus manos" (2 Cr. 16:7-8).

A pesar de sus fuertes convicciones morales, Asa hizo lo que todos nosotros hemos sido culpables de hacer en algún momento de nuestras vidas: actuó independientemente de Dios. Simplemente hizo lo que tenía sentido y confió en el arma de la carne. Con frecuencia, esta es la situación de los que son muy lógicos e inteligentes. Su confianza está depositada en su capacidad para *encontrar* una solución a sus problemas. Una pauta de hacer solo lo que tiene sentido puede ser un gran obstáculo para desarrollar la seguridad emocional. Para poder caminar en confianza suprema, debes cambiar tu modo de pensar de "natural" a "espiritual".

Asa frustró la gracia de Dios al no confiar en Él. Imagina a Dios sentado y diciendo: "Tenía una solución que hubiera sido muy superior a la tuya. Tenía un milagro esperando que te hubiera dejado sin palabras. Pero tu fe se limitó a lo que podías racionalizar".

Hanani continuó con su regaño a Asa. "Porque los ojos de Jehová contemplan toda la tierra, para mostrar su poder a favor de los que tienen corazón perfecto para con él. Locamente has hecho en esto; porque de aquí en adelante habrá más guerra contra ti" (2 Cr. 16:9).

Asa confió en la carne y no en el Señor. Posteriormente en su vida, cuando tuvo una enfermedad en los pies que lo amenazaba de muerte, él "en su enfermedad no buscó a Jehová, sino a los médicos" (2 Cr. 16:12). Ellos no pudieron ayudarlo, así que murió. Aquí había un hombre justo que eligió vivir por los hechos y no por la fe.

TEN CUIDADO CON TUS PUNTOS FUERTES

En ocasiones nos volvemos tan seguros debido a nuestra trayectoria en un área determinada que suponemos que siempre saldremos victoriosos. El pastor Frank Wilson cuenta la historia de una iglesia que estaba tan impresionada con los años de servicio humilde de un determinado diácono que votaron para entregarle una "medalla a la humildad". Se sintieron disgustados al domingo siguiente cuando él vino a la iglesia usándola en la solapa de su traje. El pastor amablemente se la quitó.

Cuanto más confiamos en nuestras propias fuerzas, más probable será que caigamos, que seamos más propensos a que nos sorprendan y que nos pillen desprevenidos. Pablo advierte:

"El que piensa estar firme, mire que no caiga" (1 Co. 10:12). No da ninguna recompensa alardear o incluso ser sutilmente soberbio de nuestras fortalezas. Siempre he afirmado que puedo mantenerme calmada en cualquier situación con carga emocional. He practicado durante años mantenerme calmada y responder en un tono uniforme. Durante una conversación reciente con una amiga, reiteré que este era, de hecho, un punto fuerte que me había funcionado durante años. A los pocos días de nuestra conversación, me encontré con un hombre que pulsó en mí una tecla que ni siquiera sabía que tenía. Me encontré gritándole a más no poder. Nunca lo había hecho antes ni después. Jamás podré alardear sobre esta fortaleza. Desde entonces, he cesado de proclamar que tengo cualquier punto fuerte. He decidido seguir el ejemplo de Pablo. "Por lo cual, por amor a Cristo me gozo en las debilidades… en angustias; porque cuando soy débil, entonces soy fuerte" (2 Co. 12:10). De ninguna manera estoy sugiriendo que vayamos por la vida hablando de cuán débiles somos. Estoy advirtiendo que debemos estar *atentos* a que nuestra seguridad en cualquier situación se base en Dios, y no en nuestra propia fuerza.

Cuanto más confiamos en nuestras propias fuerzas, más probable será que caigamos, que seamos más propensos a que nos sorprendan y que nos pillen desprevenidos

Reto a la confianza

- Lee el cuarto capítulo del libro de Daniel y observa cómo el rey Nabucodonosor hubiera podido evitar su caída de la gracia.

- ¿Te sientes desafiado por un espíritu soberbio? Específicamente, ¿cuál es el objeto de tu orgullo (un logro en particular, atractivo físico o un talento)?

- Ha llegado el momento de permitir que el Espíritu Santo te faculte para conquistar a este insidioso enemigo emocional.

PARTE III

Siete estrategias para conquistar al gigante de la inseguridad

Estrategia: *Un plan de acción para lograr una meta específica*

Descansar en la Palabra de Dios

¿Quién es este filisteo incircunciso, para que provoque a los escuadrones del Dios viviente?

1 SAMUEL 17:26

ENFRENTÉMOSLO. La inseguridad nos inquieta y nos hace sentir aprensivos. Sin embargo el deseo de Dios para sus hijos es que ellos no estén ansiosos por nada. Quiere que descansemos en su Palabra. Acceder a ese descanso es el desafío que todo problema nos presenta hoy día, y fue el desafío al que hicieron frente los israelitas que se encontraron encarándose con el humano de tamaño gigante llamado Goliat.

Catorce generaciones antes de la batalla con Goliat, Dios le dio a Abraham su palabra acerca de cómo lo cuidaría. Él prometió: "Bendeciré a los que te bendijeren, y a los que te maldijeren maldeciré" (Gn. 12:3). Posteriormente, cuando Él extendió esta y una hueste de otras promesas a los descendientes de Abraham, introdujo una disposición clave:

> Este es mi pacto que guardaréis entre mí y vosotros y tu descendencia después de ti: Será circuncidado todo varón de entre vosotros. Circuncidaréis, pues, la carne de vuestro prepucio, y será por señal del pacto entre mí y vosotros (Gn. 17:10-11).

Abraham creyó en las promesas de Dios. También lo hizo David. David sabía que su circuncisión lo convertía en heredero del pacto. Así, no pudo evitar sentirse justamente indignado cuando llegó al campo de batalla para llevar provisiones de alimentos y vio a todos los israelitas circuncisos escapando del gigante. Aparentemente nadie recordaba que los judíos tenían un pacto con Dios. Se sintió obligado a preguntar: "¿Quién es este filisteo *incircunciso*, para que provoque a los escuadrones del Dios viviente?" (1 S. 17:26, cursivas añadidas).

David en esencia estaba preguntando: "¿Cómo es que este hombre, que no tiene pacto alguno con Dios, siquiera piense en conquistarnos?" Lamentablemente, al huir del gigante, los israelitas demostraron que no tenían confianza en ese pacto. ¿Puedes identificarte con su modo de actuar? ¿Cuán firme es tu fe en la promesa de Dios de bendecir, proteger, y hacer prosperar a los que están en buena posición con Él? Si continuamos escapándonos de los gigantes en nuestras vidas, nunca veremos el poder de Dios manifestado.

Goliat se había mofado de los israelitas durante 40 años antes de que David entrara en escena. Si alguno de los soldados, incluyendo al rey Saúl, su líder, hubiera creído en el pacto, podrían haberse ocupado ellos mismos de Goliat.

Cuando se cree en las promesas de Dios, uno no tiene por qué tolerar a ningún gigante en su vida. Somos herederos del mismo pacto que Dios hizo con Abraham. "Y si vosotros sois de Cristo, ciertamente linaje de Abraham sois, y herederos según la promesa" (Gá. 3:29). ¿Cuánto tiempo has tolerado al gigante de la inseguridad? ¿Crees que "Poderoso es Dios para hacer que abunde en vosotros *toda* gracia, a fin de que, teniendo en *todas* las cosas *todo* lo suficiente, abundéis para *toda* buena obra" (2 Co. 9:8, cursivas añadidas)? ¿O has optado por permitir que la inseguridad reine en tu vida y te impida perseguir tus metas o tener relaciones significativas, de confianza? Si no se controla, la inseguridad se convertirá en una fortaleza que influirá en todo lo que hagas.

Aprender y descansar

Demasiados hijos de Dios piensan que la Biblia no es aplicable hoy día, que muchas de sus promesas ya están anticuadas. Están tristemente equivocados. David descansó en una promesa de protección que tenía 14 generaciones de antigüedad, y que sigue firme actualmente. A diferencia de los artículos del supermercado, la Palabra de Dios dura para siempre; no hay fecha de vencimiento en sus promesas. Debemos ser diligentes para ocultarlas en nuestro corazón. Para cada proyecto en el que me embarco, imprimo y memorizo o consulto con frecuencia pasajes de la Biblia que me recuerdan que fuera de Dios no puedo hacer nada y que Él es fiel para completar cualquier obra que comienza en mí. Para mí, dichos pasajes de las Escrituras me quitan el punto de enfoque, el peso y la responsabilidad y la colocan sobre Él.

Sin embargo, no basta simplemente con memorizar los pasajes de las Escrituras. Hay una diferencia entre *aprender* la Palabra y *descansar* en ella. Descansar implica que hemos dejado de pensar negativamente; que nuestros pensamientos han dejado de ensayar escenarios del tipo "y si" y han dejado de estar influidos por realidades del presente. En el Apéndice B hay una lista de pasajes de las Escrituras para desterrar la inseguridad que, seguramente, abarcan cualquier tipo de inseguridad que haya plagado nuestra vida. Mientras meditas sobre ellos, pronto te darás cuenta de que no hay ninguna inseguridad que esté fuera de la capacidad de sanar de Dios. Nada es demasiado difícil para Él. Él lo dijo. "He aquí que yo soy Jehová, Dios de toda carne, ¿habrá algo que sea difícil para mí?" (Jer. 32:27).

La historia de David y Goliat es representativa de muchas de las batallas a las que nos enfrentamos periódicamente: el bien sobre el mal, el poder de Dios sobre la fuerza del hombre, y la fe sobre el miedo. Cualquiera que sea la situación, cuando se asienta el polvo, nos quedamos con una verdad perdurable: podemos descansar en la Palabra de Dios. "Pero los que hemos creído entramos en el reposo, de la manera que dijo" (He. 4:3).

～

Reto a la confianza

- Escribe y memoriza la siguiente versión parafraseada y personalizada de 2 Corintios 9:8, advirtiendo las palabras enfatizadas.

> **Y poderoso es Dios para hacer que *toda* la gracia abunde hacia mí, para que yo, en *todas* las cosas y en *todos* los tiempos, teniendo *todo* lo que necesito, abunde en *toda* buena obra.**

- Toma una decisión consciente de descansar en estas palabras durante las siguientes semanas. Compártelas con un amigo.

Negarse a ser disuadido

No podrás tú ir contra aquel filisteo,
para pelear con él; porque tú eres muchacho,
y él, un hombre de guerra desde su juventud.

1 SAMUEL 17:33

DESCANSA SEGURO EN QUE SIEMPRE habrá gente que intentará evitar o desalentarte de matar a tu gigante de la inseguridad o a cualquier otro gigante de tu vida. Su oposición puede deberse al hecho de que "a la desgracia le gusta la compañía", o a que estén proyectando en ti la falta de fe en sí mismos, o a que tengan otros motivos para mantenerte encerrado en tu celda de la incompetencia. Cualquiera que sea la intención, puede que debas estar solo en tu búsqueda. No esperes el apoyo de un escuadrón de alentadores antes de comenzar.

David se topó con el desaliento tan pronto como llegó al campo de batalla y preguntó por qué todos escapaban de Goliat. Leemos en el capítulo del "Síndrome de Eliab" que Eliab, el hermano mayor de David, lo acusó de ser un ostentador engreído simplemente por estar en la escena. ";Qué he hecho yo ahora? ¿No es esto mero hablar? Y *apartándose de él hacia otros*, preguntó de igual manera" (1 S. 17:29, cursivas añadidas). La respuesta de David representa una estrategia clave para tratar con los desalentadores. Me hace recordar a mis ancianos en el sur. Cuando querían hacerle saber a alguien que ignoraban sus comentarios, decían: "No te estoy estudiando". Estudiar era darle a algo un pensamiento cuidadoso y consideración. Cuando David se alejó de Eliab para hablar con los otros hombres, él en esencia le estaba diciendo: ";No te estoy estu-

137

diando! Voy a ignorarte y a centrarme en otra persona". Podemos fácilmente caer en la trampa de pensar y tomar demasiado en cuenta al desalentador.

David debía enfrentar aún más desaliento. Incluso el rey Saúl, heredero también del pacto abrahámico, le hizo una advertencia respecto a enfrentarse a Goliat. Y dijo David a Saúl: "No desmaye el corazón de ninguno a causa de él; tu siervo irá y peleará contra este filisteo. Dijo Saúl a David: No podrás tú ir contra aquel filisteo, para pelear con él; porque tú eres muchacho, y él un hombre de guerra desde su juventud" (1 S. 17:32-33).

Pensar que somos incompetentes para una tarea es egolatría.

Sin embargo, David no estaba preocupado por cuánta experiencia tuviera Goliat porque sabía que Dios era Todopoderoso. Cuán trágico es cuando limitamos nuestra fe solamente a lo que podemos ver. Pensar que somos incompetentes para una tarea es egolatría. Comenzamos a pensar en lo que percibimos respecto a que nuestras propias capacidades están fuera de Dios. Esta mentalidad independiente aparta a Dios de la ecuación e ignora el hecho de que Él ha declarado que su fortaleza se perfecciona en la debilidad. Dios no llama a los cualificados; Él cualifica a los llamados.

DESALENTAR A LOS CRISTIANOS

Si eres cristiano, hay muchas probabilidades de que parte de tu resistencia provenga de los que son herederos de las mismas promesas que tú reclamas. Como Eliab, cuyo nombre significaba "Dios es mi padre", los hijos de Dios pueden sentir resentimiento o envidia de tu deseo de conquistar a tu gigante. Debes tomar una decisión independiente de perseverar hasta que alcances la victoria.

Digamos que te sientes inseguro de hablar en público, no solo debido a tu fuerte acento, sino también porque tienes sobrepeso. No obstante, tienes un gran dominio del idioma y la iglesia precisa voluntarios en esta área del ministerio para hacer anuncios semanales. Aunque hayas racionalizado durante los dos meses previos que esperar hasta el año próximo para ofrecerte como voluntario te daría tiempo para tomar unas clases para quitarte el acento, así como también tiempo para completar un programa de adelgazamiento, pasas por encima de tus argumentos autoimpuestos y decides hacerlo ahora. Sin embargo, cometes el error de contárselo a tu tímida y regordeta amiga Betty. Las dos habían disfrutado sentándose juntas en la parte trasera de la iglesia todos los domingos y pasándose una nota ocasional de una a otra. Alguna que otra vez hasta se rieron disimuladamente ante un error que cometió la anunciante en la pronunciación de determinadas palabras. Para tu desilusión, Betty te desalienta en cuanto a tu participación: "Chica, te van a llamar "pueblerina" si subes allí con ese acento que tienes. ¿Y te has fijado lo delgadas que están esas empleadas? Debe ser un requisito no escrito. Seguro que tendrás que comprarte ropa nueva también. Ya ves lo elegantes que van todas, solo porque tienen que sentarse en la plataforma cuando es su turno para hacer anuncios".

No puedes darte el lujo de permitir que el comentario de otra persona, que emana de su inseguridad, refuerce la tuya.

¿Cómo responderías a los comentarios de Betty? ¿Le dirías: "Aléjate de mí, Satanás, tengo un gigante que matar"? Seguro que no. Aunque comprendas qué es lo que motiva sus comentarios, debes responder con amor: "Betty, me doy cuenta de todos los *hechos*. Sin embargo, lo *cierto* es que siento que Dios quiere que sirva en ese cargo, así que voy a hacerlo. Él puede manejar el resto".

No puedes darte el lujo de permitir que el comentario de otra persona, que emana de su inseguridad, refuerce la tuya. Debes manejar a esos desalentadores del mismo modo en que manejarías cualquier sustancia tóxica: eliminándolos o limitando tu exposición a ellos. Cuando debas entrar en contacto con él, protégete con lo adecuado, es decir, toda la armadura de Dios (véase Ef. 6:11-18).

Los enemigos de Nehemías intentaron todo truco disponible para evitar que reconstruyera el muro de la ciudad de Jerusalén, que estaba en ruinas. Observa cómo manejó su oposición:

> Sambalat y Gesem enviaron a decirme: Ven y reunámonos en alguna de las aldeas en el campo de Ono. Mas ellos habían pensado hacerme mal. Y les envié mensajeros, diciendo: Yo hago una gran obra, y no puedo ir; porque cesaría la obra, dejándola yo para ir a vosotros. Y enviaron a mí con el mismo asunto hasta cuatro veces, y yo les respondí de la misma manera (Neh. 6:2-4).

Nehemías permaneció firme a pesar de sus esfuerzos. A veces uno tiene que repetirse indefinidamente cuando habla en serio acerca de matar a su gigante. Debes estar dispuesto a aceptar las humillaciones, la envidia, las distracciones, las palabras de desaliento y toda otra oposición.

✎

Reto a la confianza

- ¿Quién ha impedido que mates a tu gigante?

- ¿Qué harás al respecto? ¿Cuándo?

Recordar las victorias del pasado

Jehová, que me ha librado de las garras
del león y de las garras del oso, él también
me librará de la mano de este filisteo.

1 SAMUEL 17:37

CUANDO DAVID VIO que el rey Saúl estaba inclinado a desalentarlo a enfrentar a Goliat, decidió que mejor le daba un breve testimonio.

> David respondió a Saúl: Tu siervo era pastor de las ovejas de su padre; y cuando venía un león, o un oso, y tomaba algún cordero de la manada, salía yo tras él, y lo hería, y lo libraba de su boca; y si se levantaba contra mí, yo le echaba mano de la quijada, y lo hería y lo mataba. Fuese león, fuese oso, tu siervo lo mataba, y este filisteo, incircunciso será como uno de ellos, porque ha provocado al ejército del Dios viviente (1 S. 17:34-36).

La capacidad de recordar el pasado es una de las funciones más poderosas del cerebro. Puede ser tanto una bendición como una maldición, según qué sea lo que se elija traer a la memoria. Recordar trae las emociones del pasado al "ahora", haya sido el suceso positivo o negativo. Recordar heridas, ofensas, desilusiones o fracasos del pasado hará que todas las emociones relacionadas con ellos corran a nuestra mente para crear de nuevo un estrago emocional. A la inversa, cuando se recuerdan experiencias positivas, se enciende de nuevo el valor, el gozo y el sentido de logro relacionado con la victoria. Nunca puedes subestimar el poder de una experiencia para volver a inspirar fe.

Desde la división del Mar Muerto hasta la caída de Jericó, los israelitas tuvieron numerosos milagros y proezas increíbles que Dios realizó a su favor. Dios les había advertido acerca de olvidar sus actos poderosos: "Acuérdate bien de lo que hizo Jehová con Faraón y con todo Egipto; de las grandes pruebas que vieron tus ojos, y de las señales y milagros, y de la mano poderosa y el brazo extendido con que Jehová tu Dios te sacó; así hará Jehová tu Dios con todos los pueblos de cuya presencia tú temieres" (Dt. 7:18-19).

Cuando se recuerdan experiencias positivas, se enciende de nuevo el valor, el gozo y el sentido del logro relacionado con la victoria.

Hace varios años cuando negocié un compromiso financiero sin precedentes para la construcción de un santuario de la iglesia, recuerdo que me sentía incompetente de vez en cuando al reunirme con banqueros muy sofisticados. Algunos de los términos del trato eran extraños para mí, y estaba preocupada por si mi falta de conocimiento acabara siendo perjudicial para la iglesia. Sin embargo, mi ansiedad tuvo corta vida al ganar confianza cada vez que recordaba que, más de 14 años antes, había tomado un trabajo en una industria en la que no tenía absolutamente ninguna experiencia. Dios se había mostrado fuerte y había permitido que yo desarrollara la reputación de ser una gran negociadora, como también de poder proyectar gastos futuros con un alto grado de precisión. Puesto que no estaba para nada familiarizada con las operaciones complicadas, supe sin lugar a dudas que Dios y sus ángeles estaban trabajando horas extras para mí. Fue una experiencia de mucha humildad. Fue entonces cuando aprendí a llegar tan preparada como podía estarlo, pero a esperar que las respuestas verdaderas, las cosas brillantes, provinieran de Dios.

Si has permitido que Satanás te diera una "amnesia de experiencias" y te has olvidado de los momentos de intervención divina en tu vida, ¿por qué no recordar el testimonio de otra persona? La fe puede provenir de más de una dirección. Recuerda las cosas buenas que Dios ha hecho por tus amigos, conocidos, colaboradores de trabajo e incluso gente de la que has oído hablar en las noticias. Los milagros aportan entusiasmo sin importar quién los reciba. Si Él lo hizo entonces, puede hacerlo de nuevo.

Finalmente, haz un estudio de los milagros de la Biblia. Cada vez que siento dudas o que me siento insegura de mi capacidad para superar un obstáculo, leo la historia de David y Goliat. De hecho, esta sección de este libro nació en uno de esos momentos.

Reto a la confianza

- Recuerda un momento o un incidente en que Dios te sacara de una situación difícil. ¿Crees que Dios es el mismo ayer, hoy y siempre?

Rechazar las armas carnales

Porque las armas de nuestra milicia
no son carnales, sino poderosas en Dios
para la destrucción de fortalezas.

2 CORINTIOS 10:4

MI SOBRINA DANA ES UNA JOVEN CULTA, positiva, sociable, profesional y de confianza. En cualquier puesto que ocupa, Dios de inmediato la favorece respecto a sus superiores. Aparece periódicamente en el boletín de la empresa por su trabajo sobresaliente cada vez que la ascienden de un departamento a otro. Lamentablemente, esto también la convierte en el objeto de envidia de algunos de sus compañeros de trabajo, quienes temen que su presencia amenace sus futuros ascensos. Se ha convertido en maestra de contestar con gracia a su antagonismo. Saluda alegremente a quienes la ofenden y se ofrece a ayudarlos de cualquier manera posible. Se niega a tomar una actitud de respuesta carnal ante la inseguridad de otras personas.

Bueno, por si me equivoco al suponer que conoces la jerga espiritual, déjame explicarte que un "arma carnal" es cualquier respuesta o solución que emane de tu naturaleza humana o tendencias de la carne. Está en oposición directa a una alternativa devota o con inspiración espiritual. La carnalidad es la manera que tiene el mundo de tratar los asuntos problemáticos.

El rey Saúl, no comprendiendo que David no pensaba tener una pelea a espada con Goliat, le ofreció su armadura:

> Y Saúl vistió a David con sus ropas, y puso sobre su cabeza un casco de bronce, y le armó de coraza. Y ciñó David su espada sobre sus vestidos, y probó a andar, porque nunca había hecho la prueba. Y dijo David a Saúl: Yo no puedo andar con esto, porque nunca lo practiqué. Y David echó de sí aquellas cosas (1 S. 17:38-39).

David no había "probado" la pesada armadura, pero sí había "probado" el poder de Dios Todopoderoso. No había dudas acerca de qué fuente de poder y protección planeaba utilizar.

Un "arma carnal" es cualquier respuesta o solución que emane de tu naturaleza humana o tendencias de la carne.

¿A qué armas o métodos estás acostumbrado al tratar con tu gigante? Para tener éxito al conquistar al gigante de la inseguridad en tu vida, debes "echar de ti" los métodos mundanos de tratar con él. El perfeccionismo, la adicción al trabajo, ropas de diseñador, una casa grande, un auto último modelo, cirugía plástica o conocidos bien relacionados no curan la inseguridad. La esencia de la inseguridad es sentirse "inseguro, incierto o incompetente". Solo puedes estar seguro cuando te conectas con Él, que no tiene deficiencia.

LA VERDAD: EL ARMA FINAL

Observa que David no tenía escrúpulos acerca de admitir su incapacidad para usar las armas del rey Saúl. La mayor parte de las personas inseguras tienen problemas con ser auténticas. Usan una fachada de confianza hasta que se convierte en una máscara permanente.

Vivir con seguridad requiere una evaluación sincera y una aceptación de tus puntos fuertes y debilidades personales. Si algunas malas decisiones te han llevado a dónde te encuentras hoy, así será. No actúes como las víctimas típicas que se niegan a responsabilizarse de sus vidas. Prefieren culpar a otros de sus fracasos y debilidades. Puede que de hecho hayan sufrido una incompetencia genuina o una pérdida en manos de los demás. Sin embargo, como un reloj roto, se atascaron en la experiencia.

Las víctimas tienen una perspectiva de estado de resultados en contraposición a una perspectiva de balance. Un estado de resultados es un informe de todos los ingresos y gastos de una entidad durante un período del pasado, tal como un mes, un trimestre o un año. Todo lo que se informa en un estado de resultados representa el pasado. No hay transacciones subsiguientes que puedan cambiar la historia. Lo que se ganó se ganó; lo que se gastó, se gastó. Ahora bien, el balance, por otro lado, informa de los activos y pasivos de una entidad respecto a un punto específico en el tiempo. Como contable, siempre me ha intrigado el hecho de que un balance pueda cambiar en el mismo día. Cuando uno desarrolla una mentalidad de balance, comprende que su situación puede cambiar sin tener en cuenta la realidad de su pasado. Con valentía, enfrenta tus pasivos al tiempo

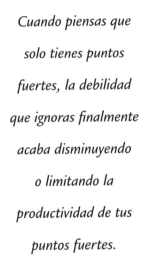

Cuando piensas que solo tienes puntos fuertes, la debilidad que ignoras finalmente acaba disminuyendo o limitando la productividad de tus puntos fuertes.

que permaneces consciente del hecho de que en realidad tienes algunos activos. Para llegar a ser emocionalmente seguro, debes tener una evaluación equilibrada de qué aportas y de cuáles son tus dificultades. Una persona orgullosa, o alguien que *simula* ser seguro, se concentra solo en sus puntos fuertes y entierra la cabeza en la arena cuando se trata de reconocer sus debilidades. En el otro extremo, la persona insegura está tan concentrada en sus debilidades o dificultades que no ha desarrollado una apreciación de los atributos o cualidades que posee.

Evaluar sinceramente tus fortalezas y tus debilidades es un paso clave para desarrollar la seguridad emocional. Tus dificultades y debilidades admitidos pueden ser tu mayor fortaleza. Cuando piensas que solo tienes puntos fuertes, la debilidad que ignoras finalmente acaba disminuyendo o limitando la productividad de tus puntos fuertes.

Más abajo comento mi evaluación personal. En el reto a la confianza, al final del capítulo, tendrás la oportunidad de hacer lo mismo.

Evaluación de fortalezas/debilidades

Fortalezas:

Compromiso sincero con Dios
Valiente al expresar límites
Buena organizadora
Practico la integridad en todas las áreas de la vida
Lucho por la excelencia en todos los asuntos que emprendo
Cómoda en todos los niveles sociales
Educación formal
Respeto a todas las personas
Buena motivadora
Hábil en la gestión de conflictos

Debilidades:

Impaciente con las deficiencias de los demás
Con frecuencia hablo demasiado rápido
A veces soy demasiado directa
Juzgo a los demás por su productividad
Doy consejos sobre mejoramiento propio no solicitados
Propensa a colocar el trabajo por encima de las relaciones

Debes reconocer lo que aportas a la vez que comprendes cómo tus debilidades afectan a tus relaciones cotidianas. Esta es la verdad que te liberará.

David sabía que no podía competir con la fuerza de Goliat. También sabía que no debía hacerlo. "Entonces dijo David al filisteo: Tú vienes a mí con espada y lanza y jabalina; mas yo vengo a ti en el nombre de Jehová de los ejércitos, el Dios de los escuadrones de Israel, a quien tú has provocado" (1 S. 17:45).

David tenía una relación íntima con su Padre. Él sabía que el mero nombre de Dios es una torre fuerte hacia donde corren los justos para su seguridad (Pr. 8:10). No importa qué gigante enfrentó, como "parte del pacto", la batalla pertenecía al Señor. Él estaba seguro en esa verdad.

Reto a la confianza

- Usando el formato que se mostró más arriba, haz tu lista de fortalezas y una lista de tus debilidades. Solicita los cometarios de un amigo en el que confíes para ver cuán genuino fuiste.

Fortalezas:

_____

_____

_____

_____

_____

Debilidades:

_____

_____

_____

_____

_____

Resistir la intimidación

"Ven a mí y daré tu carne a las aves del cielo
y a las bestias del campo"

1 SAMUEL 17:44

GOLIAT SE ENCUMBRABA SOBRE DAVID mientras lo amenazaba. Si bien David tenía que mirar hacia arriba cuando le respondía, espiritualmente lo miraba hacia abajo. Miraba al gigante a través de los ojos de su omnipotente Dios, que está sentado en lo alto, mira hacia abajo y conquista todo. Era el mismo Dios que le preguntó al profeta Jeremías: "He aquí que yo soy Jehová, Dios de toda carne, ¿habrá algo que sea difícil para mí?" (Jer. 32:27).

David no se retrajo cuando Goliat lo amenazó con darle como alimento a las aves. No estaba intimidado. Intimidar es inspirar temor. ¿Te das cuenta de que la palabra *tímido* está en medio de la palabra in*tímid*ar? Satanás quiere que el gigante de nuestras vidas inspire temor en nuestros corazones para poder continuar sojuzgándonos y para evitar que avancemos.

David creyó en Dios. "Tú vienes a mí con espada, lanza y jabalina; mas yo vengo a ti en el nombre de Jehová de los ejércitos, el Dios de los escuadrones de Israel, a quien tú has provocado" (1 S. 17:45).

INTIMIDACIÓN INTERIOR

Al luchar contra el gigante de la inseguridad, lo más probable es que la intimidación provenga de la autoevaluación errónea de tu valía o de tus capacidades. Puedes literalmente *entrar* en un estado de aprensión, temor y falta de mérito.

Observa un trozo de una historieta de Charlie Brown y Linus. Están almorzando en la escuela y Charlie Brown le confía a Linus que no se siente lo suficientemente bueno como para acercarse a determinada jovencita. Se lamenta: "No puedo hablar con esa niña pelirroja porque ella es alguien y yo no soy nadie. Ahora, si yo fuera alguien y ella no fuera nadie, podría hablar con ella, o si ella no fuera nadie y yo tampoco, también podría hablarle... Pero ella es alguien y yo no soy nadie, así que no puedo hablarle". Linus, habiendo escuchado atentamente la confesión de su inseguridad, responde: "Para ser un don nadie, Charlie Brown, eres realmente alguien". Charlie Brown había permitido que la belleza de la pelirroja lo intimidara y le obligara a mantenerse al margen.

No puedo recordar un momento en mi vida adulta en la que haya estado demasiado temerosa de acercarme a alguien que los demás consideraran importante o intimidatorio. Me niego a creer que cualquier persona sea inherentemente mejor que yo porque sea más rico, famoso o pueda reclamar cualquier otra distinción. Procuro mantener una "perspectiva de Dios" cuando me relaciono con las personas. Para Él, todos somos mera carne creada a partir del polvo de la tierra. Sí, Él nos da grandes responsabilidades, recursos y nos expone a cosas, pero no tiene favoritos. Somos todos iguales ante sus ojos. Como dice el viejo dicho: "La tierra está nivelada a los pies de la cruz".

Responderle al gigante

David no iba a soportar la intimidación de Goliat; él sabía cómo responderle.

"Jehová *te* entregará *hoy* en *mi* mano, y yo *te* venceré, y *te* cortaré la cabeza, y daré *hoy* los cuerpos de los filisteos a las aves del cielo y a las bestias de la tierra; y toda la tierra sabrá que hay Dios en Israel. Y sabrá toda esta congregación que Jehová no salva con espada y con lanza; porque de Jehová es la batalla, y él *os* entregará en *nuestras* manos" (1 S. 17:46-47, cursivas añadidas). ¡Qué gran respuesta a las amenazas de Goliat!

¿Estás preparado para declararle a tu gigante que "hoy" es el día de su muerte? Ya se trate del gigante de la inseguridad, del alcoholismo, de una lengua indomable, o de una hueste de otras conductas autodestructivas, el gigante debe irse. Tú puedes decidir derrotarlo hoy.

Reto a la confianza

- ¿Hay alguna persona o situación que te intimide? ¿Qué declaración de las Escrituras utilizarás para "responderle" a tu gigante (si tienes alguna duda, consulta el apéndice B para los novatos).

Correr hacia el gigante

Cuando el filisteo se levantó y echó a andar
para ir al encuentro con David, David se dio prisa,
y corrió a la línea de batalla contra el filisteo.

1 SAMUEL 17:48

¿ESTÁS LISTO PARA TOMAR tu espada de fe y cortarle la cabeza al gigante de la inseguridad? ¿Quieres vivir libre de la ansiedad, la inquietud, la incertidumbre y los temores que provienen de anticiparse a un evento o situación amenazadores?

Tu mejor estrategia siempre será atacar a un gigante antes de que él tenga la oportunidad de sacar lo mejor de ti. Eleanor Roosevelt decía: "Se obtiene fuerza, valor y confianza con cada experiencia en la que uno realmente mira al miedo a la cara".

Ya sean reales o imaginarias, todas las amenazas se perciben como un potencial para la pérdida. Puede ser falta de reconocimiento, pérdida de favor, pérdida de afecto, o incluso la pérdida de una relación deseada. La libertad empieza cuando nos detenemos y hacemos una confesión sincera de la pérdida a la que realmente le tememos.

RECONOCER LOS TEMORES CENTRALES

Identificar y reconocer tus temores *reales* es un paso gigante para liberarse de la inseguridad. Para hacerlo, debes atravesar el proceso de pelar la "cebolla del temor" para llegar al centro de tu ansiedad o sentido de incompetencia. Según como haya sido tu historial de ser sincero contigo mismo, puede que tengas que pelar muchas más capas de las que esperabas.

Cuando desempeñaba un cargo financiero clave para una determinada corporación, sabía que la junta de directores de la empresa me tenían estima como una profesional competente. Me costó mucho mantener mi imagen ante sus ojos. Durante una reunión de la junta en particular, una de los miembros presentó una propuesta para invertir con los fondos inactivos de la organización. Ella dijo que probablemente obtendríamos un beneficio mucho más alto que el que estábamos obteniendo con nuestra estrategia actual. Mientras continuaba explicando su recomendación, sentí que la ansiedad empezaba a asomar su fea cabeza. Habiendo comenzado mi estudio sobre la inseguridad unos días antes, estaba preparada para desafiar y rechazar su intromisión en mi vida. Ahora veía que eso no iba a ser sencillo.

Se obtiene fuerza, valor y confianza con cada experiencia en la que uno realmente mira al miedo a la cara.

Cuanto más explicaba ella su propuesta, más atacaba Satanás mi mente. *¿Por qué no he presentado yo esa idea? Ahora van a pensar que después de todo no soy tan brillante. ¿Por qué no me contó primero la idea a mí antes de presentarla ante la junta, aunque fuera informalmente?* Paré de inmediato mis imaginaciones y me hice la siguiente pregunta: "¿A qué le tengo miedo?" La repuesta fue rápida y dolorosa. Temía la pérdida de su estima hacia mí. Temía que los elogios que recibía en cada junta cesaran. ¡Dios no lo permita! Yo amaba esas alabanzas. Trabajé muchas horas sin compensación para ser excelente, y, sí, para ser reconocida por serlo. Ahora había alguien amenazando mi posición en el pedestal. Y para colmo, la presentadora ni siquiera tenía una trayectoria financiera.

Como Saúl cuando se sintió amenazado por la pérdida de su reino ante David, sentí enojo hacia esta mujer. Sin embargo, a diferencia de Saúl, yo no iba a permitir que la inseguridad me hiciera atacar ciegamente en mi vida. Había aprendido de su error. Aspiré profundamente y recité en silencio 2 Corintios 10:5: "Derribando argumentos y toda altivez que se levanta contra el conocimiento de Dios, y llevando cautivo todo pensamiento a la obediencia a Cristo". Mis pensamientos estaban fuera de control. Rápidamente los frené. Sabía que reconocer mi verdadero temor me colocaría en el carril rápido hacia la libertad. *¿Y qué si ella presentó un buen plan para maximizar nuestros beneficios gracias al efectivo inactivo?* Medité. ¿Cómo podría eso impactar en mi calidad de vida? A no ser, por supuesto, que mi vida estuviera dedicada a tratar de ser la "Mujer Maravilla" que siempre tiene la respuesta para cada problema.

Al sugerirme que una pérdida de algún tipo era inminente, Satanás ya había plantado la semilla de la inseguridad. Sin embargo, habiendo reconocido mi temor central, rápidamente desarmé su plan. Esta es la estrategia que debemos utilizar con los pensamientos de inseguridad; debemos atacarlos en su etapa prematura. La propia naturaleza de un ataque implica una acción proactiva, agresiva.

David no se quedó parado allí a esperar que el gigante se acercara y lo sojuzgara. "Y aconteció que cuando el filisteo se levantó y echó a andar para ir al encuentro de David, David se dio prisa, y corrió a la línea de batalla contra el filisteo. Y metiendo David su mano en la bolsa, tomó de allí una piedra, y la tiró con la honda, e hirió al filisteo en la frente; y la piedra quedó clavada en la frente, y cayó sobre su rostro en tierra" (1 S. 17:48-49). No más diálogo. El gigante debía morir.

Una vez que hemos decidido que conquistaremos nuestra inseguridad, ya no necesitamos aceptar de boquilla lo que debemos hacer al respecto. Actuamos. El programa de Oprah Winfrey presentó a una mujer que decidió conquistar su inseguridad respecto a su peso. Vestía tallas extragrandes y si bien no era mórbidamente obesa, estaba cansada de su extrema cohibición. Decidió que iba a ponerse un bikini y que iba a ir de casa en casa por su vecindario informando a los vecinos de su incomodidad con el aspecto de su cuerpo. Permitió que las cámaras de Oprah capturaran toda la experiencia para que la vieran millones de personas. No creo que yo lo hubiera podido hacer, pero funcionó para ella.

Afortunadamente, la batalla que libramos con el gigante de la inseguridad no la luchamos solos. Dios quiere lucharla por nosotros. Como le dijo Hanani al rey Asa: "Porque los ojos de Jehová contemplan toda la tierra, para mostrar su poder a todos los que tienen corazón perfecto para con él" (2 Cr. 16:9). Todo lo que Él quiere de nosotros es que nos encomendemos a Él. Nuevamente, la historia comienza cuando empezamos a tomarnos en serio lo que tememos y la pérdida que nos espanta.

PELAR LA CEBOLLA

Responder las preguntas correctas puede ser como el escalpelo de un cirujano llegando a la raíz de tus temores. El siguiente ejercicio te preparará para luchar contra el gigante de la inseguridad. Responde sinceramente cada pregunta. En Salmos 51:6, David declara: "Tú amas la verdad en lo íntimo, y en lo secreto me has hecho comprender sabiduría". No te mientas a ti mismo. Ha llegado el momento de ser sincero. Ha llegado el momento de matar al gigante de la inseguridad.

Para ayudarte a comenzar, compartiré las respuestas de una mujer que permanecerá anónima. Al final del capítulo, voy a desafiarte a completar el mismo ejercicio.

Preguntas y respuestas

1. *¿Qué situación o escena hace que te sientas insegura?* Me siento insegura cuando mi amiga viene a mi casa vestida con ropas sensuales o seductoras y mi esposo está en casa.

2. *¿A qué le temes en realidad?* Temo que él se sienta atraído hacia ella o que no se sienta satisfecho conmigo y finalmente me deje. Por lo tanto, le temo al rechazo y al abandono.

3. *¿Hay alguna base racional para ese temor?* Sí. Tengo que lograr mi meta de adelgazar. Sé que él preferiría que fuera

más delgada a pesar de que me ama y me lo demuestra. Además, a mi amiga le falta sabiduría y discreción en la forma en que se relaciona con él. Se toma demasiadas confianzas y cruza mi zona de comodidad en la forma en que le responde.

4. *¿Cómo te hace comportarte esta inseguridad?* Creo que soy demasiado crítica con ella en otras áreas. Tampoco me permito acercarme demasiado a ella desde el punto de vista emocional. En consecuencia, limito la cantidad de tiempo que paso con ella, aunque disfruto de su compañía cuando mi esposo no está presente.

5. *¿Es esta una respuesta devota? Si no lo es, ¿qué conducta crees que Dios consideraría apropiada?* Criticarla no es una respuesta devota. Sin embargo, limitar su participación en nuestras vidas sería sabio a la luz de su aparente falta de sabiduría. Fijarle límites claros y expresar mi preocupación sobre indiscreciones específicas sería la cosa espiritual madura a hacer.

Aunque podría ser un poco difícil, este ejercicio también puede ayudar a una catarsis y a una liberación. El mejor beneficio que proporciona es que te abres respecto al problema, lo enfrentas y desarrollas un plan para superarlo. Dale Carnegie advirtió: "Haga lo que teme hacer y siga haciéndolo. Esa es la forma más rápida y más segura descubierta hasta ahora para conquistar el miedo".

En el próximo capítulo analizaremos las recompensas de realizar este ejercicio en cuanto a exponer y enfrentar el verdadero temor.

Reto a la confianza

- ¿Qué persona o situación te hace sentirte inseguro?

- ¿A qué pérdida le tienes realmente miedo (por ej. pérdida de afecto, abandono, rechazo, pérdida de la estima o respeto de los demás, pérdida de condición social, pérdida de control)?

- ¿Hay una base racional para este temor? De ser así, explícalo.

- ¿Cómo hace que te comportes esta inseguridad?

- ¿Es esta una respuesta devota? Si no lo es, ¿qué conducta crees que Dios consideraría apropiada?

- ¿Qué pasos prácticos estás dispuesto a dar para resolver este problema? ¿Cuándo comenzarás?

Recolectar la recompensa

*¿Qué harán al hombre que venciere a este filisteo,
y quitare el oprobio de Israel?*

1 SAMUEL 17:26

Matar a cualquier gigante de tu vida tiene sus recompensas. Cuando David llegó por primera vez al campo de batalla y vio al pueblo de Dios huyendo del filisteo incircunciso, quiso inmediatamente saber cuál sería su recompensa por matarlo. Los hombres respondieron: "Al que venciere, el rey le enriquecerá con grandes riquezas, y le dará su hija, y eximirá de tributos a la casa de su padre en Israel" (1 S. 17:25). Estoy segura de que estas tres recompensas le dieron un gran incentivo para matar al gigante. Pero, también era parte del destino de David hacerlo.

En este capítulo nos ocuparemos de las recompensas tangibles e intangibles por matar al gigante de la inseguridad.

Recompensas tangibles

Matar al gigante de la inseguridad te libera de la esclavitud de la incompetencia que ha impedido que persiguieras tus sueños.

Digamos que tu inseguridad está en el área de hablar en público y que hay un cargo muy bien pagado disponible en tu compañía que requeriría que hicieras presentaciones formales de manera periódica. Conoces bien el material, pero la idea de ponerte de pie incluso frente a un grupo pequeño te hace sentir un nudo en el estómago. Pero podrías realmente sacar provecho al incremento de sueldo. ¿Qué haces? Bueno, no te sientes de brazos cruzados y derroches una oportunidad. Recuerda que la confianza tiene su raíz en el conocimiento. Si tienes la competencia técnica, ya estás a medio camino de tu meta. Solicita el puesto. Cree en que Dios se mostrará fuerte y te ayudará con tus presentaciones. Mientras tanto, cuando estás andando en fe, únete a un grupo local de maestros de ceremonias, toma una clase de oratoria en la universidad local o compra CDs que te den sugerencias para vencer el miedo escénico. Corre hacia el gigante.

¡Qué marcado contraste entre cómo Israel trató con un gigante antes de que David matara a Goliat y el valor que desarrollaron después de que lo matara!

He tenido varios empleados durante el transcurso de mi carrera profesional que lucharon contra la inseguridad. De tanto en tanto seleccioné a algunos para que fueran el objetivo de mi "amor duro" y les exigí un nivel de desempeño mucho mayor porque sabía que ellos tenían el potencial. Muchos regresaron y me informaron de su éxito, dándome las gracias por creer en ellos y por empujarlos más allá de su zona de comodidad. Estoy comprometida no solo con matar a los gigantes de mi vida, sino con ayudar a los demás a matar a los suyos.

Los hijos de Dios no tienen excusa para vivir con inseguridad cuando Él nos ha prometido que podemos hacer todas las cosas a través de Él, que nos fortalece.

RECOMPENSAS INTANGIBLES

Una de las recompensas intangibles más importantes al matar un gigante es la inspiración que les da a los demás para matar a sus gigantes.

Nadie en el ejército del rey Saúl había matado un gigante. En contraste, después de que David matara a Goliat, otros cuatro hombres, incluyendo su sobrino Jonatán, mataron a los gigantes que atacaron a los israelitas. Leo con gran satisfacción y deleite el relato del encuentro de Jonatán con un gigante.

> Después hubo otra guerra en Gat, donde había un hombre de gran estatura, el cual tenía doce dedos en las manos, y otros doce en los pies, veinticuatro por todos; y también era descendiente de los gigantes. Este desafió a Israel, y lo mató Jonatán (2 S. 21:20-21).

¡Qué marcado contraste entre cómo Israel trató con un gigante *antes* de que David matara a Goliat y el valor que desarrollaron *después* de que lo matara! Observa en el pasaje anterior que nadie se escapa. También hay una ausencia conspicua de fanfarria en el relato de este evento. No hay un relato detallado del diálogo que se dio entre Jonatán y el gigante como lo hubo con David y Goliat. La Biblia simplemente enuncia que cuando el gigante se mofó de Israel, Jonatán "lo mató". David había establecido una nueva norma.

Hasta 1954, nadie había corrido una milla en menos de cuatro minutos. Era el gigante inconquistable en el mundo de los que corrían carreras. La mayoría de las personas suponía que era practicamente imposible que un ser humano lograra tal proeza; es decir, todos excepto Roger Bannister. El estudiante de medicina británico de 25 años utilizó sus conocimientos de medicina para que le dieran tanta ayuda como fuera posible. También investigó los aspectos mecánicos de correr y usó métodos de entrenamiento científico. El 6 de mayo de 1954, en una pista de la Universidad de Oxford, Roger Bannister completó la distancia en tres minutos y 59,4 segundos. Había matado al gigante. Lamentablemente, Roger nunca ganó una medalla olímpica, porque el australiano John Landy rompió su récord a los dos meses, demostrando que la milla en cuatro minutos era una barrera tanto psicológica como física.[3] No obstante, Bannister había establecido la norma.

El Monte Everest es el pico más alto de la tierra por encima del nivel del mar, con una altura de aproximadamente 8.000 metros. Una expedición normal tarda de 60 a 90 días. Durante la primera mitad del siglo XX, muchas personas atacaron la formidable montaña. Era el gigante inconquistable en el mundo de los escaladores.

El 29 de mayo de 1953, Edmund Hillary y su guía serpa, Tenzing Norgay, fueron los primeros humanos en llegar a la cima. Hillary fue nombrado caballero por su proeza. Desde entonces, aproximadamente mil escaladores, que van desde los 16 a los 60 años, han completado la expedición.[4]

David, Bannister y Hillary conquistaron a los gigantes de su época e inspiraron a otras personas para que igualaran o superaran sus proezas.

Cuando huimos de nuestros gigantes, nos hacemos a nosotros y a los demás un mal servicio. Debemos dejar de temer ocuparnos de tareas difíciles. Si Dios lo hizo entonces, puede hacerlo de nuevo.

Reto a la confianza

* ¿A qué persona admiras por ser el primero en lograr una determinada proeza?

* ¿Sueñas con hacer algo que nunca nadie hizo antes? Medita en oración por qué Dios continúa permitiéndote soñar. ¿Podría ser que alguien esté esperando que tú fijes la norma en dicha área?

PARTE IV

Los siete hábitos de las personas emocionalmente seguras

Hábito: *Patrón recurrente de comportamiento adquirido a través de la repetición frecuente*

Abrazar la individualidad

Uno hace diferencia entre día y día; otro juzga
iguales todos los días. Cada uno esté plenamente
convencido en su propia mente.

ROMANOS 14:5

ME GUSTA *CADA* UNO DE LOS INGREDIENTES del zumo de verduras: tomates, zanahorias, apio, remolacha, perejil, lechuga, berro y espinaca. Sin embargo, casi no puedo soportar beber ni siquiera el mínimo sorbo de esta mezcla saludable. Por otro lado, si me ofrecen estos mismos ingredientes en forma de ensalada, es probable que pida un segundo plato. ¿Dónde está la diferencia? ¡En la individualidad! En el zumo de verduras, todos han sido mezclados y han perdido su distinción. Mientras que en la ensalada, están en el mismo plato pero han retenido su sabor individual. Lo mismo ocurre con las personas emocionalmente seguras. Se sienten cómodas manteniendo su singularidad al tiempo que trabajan en armonía con los que son diferentes.

Al observar los siete hábitos de las personas supremamente confiadas, creo que mantener la individualidad debería estar en la parte alta de la lista.

LIBRE PARA SER YO

Algunas personas sienten un verdadero temor a abrazar su singularidad. Preferirían vivir de acuerdo con el "instinto de rebaño". Todas sus acciones están determinadas por la conducta del grupo. El temor a ser juzgado o rechazado por ser diferente es demasiado grande. No le ocurre eso a las personas emocionalmente seguras. Ellas no sienten la presión de ser una copia a carboncillo del estilo de otra persona o de otro aspecto de su ser. Las mujeres son famosas por resistirse a la individualidad. Cuando he participado en actividades en el exterior con otras mujeres, invariablemente recibo una llamada preguntándome qué pienso vestir, a pesar del hecho de que la invitación oficial al evento o de la naturaleza de la salida en sí dio claras indicaciones de qué era lo apropiado. "¿Te pondrás un vestido o pantalones?". Sé que las mujeres en general han sido socializadas para formar parte de un grupo, pero encuentro pocas cosas más agradables que una mujer que se siente relajada y cómoda con sus propias elecciones.

Mi amiga Diane Temple es el epítome de la individualidad. Es esposa de un pastor y se ha resistido a la presión de encajar en el molde de nadie. Es una mujer muy generosa, una verdadera adoradora de Dios, y brinda apoyo a su esposo, pero sin embargo marcha al ritmo de su propio tambor cuando se trata de su estilo personal, su participación en la iglesia, sus hábitos de compras y demás. Ella no permite que nadie la coloque en una casilla de "debería". Todo su comportamiento dice: "Estoy bien conmigo misma". No puedo evitar admirar esa rara combinación de devoción e individualidad. Ella, definitivamente, gana el premio en mi libro de "Señora individualidad".

El apóstol Pablo también fue un modelo de individualidad. Nunca intentó emular a los otros discípulos que habían gozado de una estrecha relación con Jesús. De hecho, cuando Dios cautivó su corazón y lo llamó a predicar a los gentiles, él no solicitó ninguna sugerencia ni truco de los discípulos más experimentados que tenían práctica en ello y habían andado con Jesús a diario. Piensa en su testimonio:

> Revelar a su Hijo en mí, para que yo le predicase entre los gentiles, no consulté en seguida con carne y sangre, ni subí a Jerusalén a los que eran apóstoles antes que yo; sino que fui a Arabia, y volví de nuevo a Damasco. Después, pasados tres años, subí a Jerusalén para ver a Pedro, y permanecí con él quince días (Gá. 1:16-18).

Si bien Pablo no podía alardear sobre haber tenido una relación terrenal con Jesús, no sentía que no tuviera algo que aportar, incluso a la luz del hecho de que había perseguido y matado a muchos cristianos. No iba a permitir que su pasado negativo le hiciera sentir incompetente o indigno de su tarea divina. Incluso se sintió lo suficientemente confiado como para regañar a Pedro por su hipocresía al comer y comulgar con los gentiles y luego ignorarlos cuando llegaban los judíos (véase Gálatas 2). ¿Puedes imaginarte a este recién llegado regañando al gran pilar de la iglesia que tenía tanto poder que hasta su sombra había sanado a personas? Vaya, hay que ser el rey de la confianza para hacer eso.

Las personas emocionalmente seguras no insisten en el cumplimiento de las normas rígidas que solo tienen como base la tradición o las preferencias personales.

LIBRE PARA SER TÚ MISMO

Las personas emocionalmente seguras no solo tienen el valor de ejercer su singularidad, sino que también apoyan el derecho de otro individuo a ser diferente. Mi hermano Vernon es una persona así. Es un tipo al que le encanta divertirse y que vive y deja vivir. A cualquier persona que conoce, la abraza y la acepta incondicionalmente, sin importar lo extraña que pueda parecer. Está muy lejos de criticar y respeta el derecho de todo el mundo a ser diferente. Es un verdadero imán de gente; las personas parecen conectar con él instantáneamente. Al cabo de unos minutos de conocerlo, completos extraños le han invitado a unirse a sus actividades recreativas, a visitarlos en sus hogares o a asistir a algún evento en especial. El resto de los otros hermanos nos maravillamos por el favor que lo rodea.

Las personas emocionalmente seguras no insisten en el cumplimiento de las normas rígidas que solo tienen como base la tradición o las preferencias personales. No juzgan a los que se visten diferente. No creen que diferente signifique inferior o superior. (Solo para que conste, no apruebo vestimentas raras ni atavíos extraños que deshonran a Dios. Aceptar la individualidad de la otra persona no significa que deba aceptarse la inmoralidad. Estoy promoviendo una mentalidad de amor y aceptación que trascienda la mera apariencia física).

Las personas emocionalmente seguras no requieren que los demás marquen con un sello sus ideas u opiniones, especialmente si se trata de asuntos no esenciales. Tengo dos amigas que emprendieron cada una su camino porque tenían opiniones diferentes acerca de la justicia de un veredicto dado en un asesinato de alto perfil. ¿Qué es lo que pasó con respetar la opinión del otro? Dicho sea de paso, si luchas en contra de que los demás tengan su opinión, una pregunta clave para hacerte a ti mismo es: "¿La postura de esta persona sobre este asunto influirá negativamente en mi vida?". De no ser así, sigue adelante. Si el asunto tiene consecuencias eternas —y la mayoría de los asuntos no las tienen— ore porque Dios le lleve (o tal vez a ti) hacia la luz de la verdad.

ACÉPTALO "TAL COMO ES"

¿Alguna vez compraste algún artículo con la condición de que lo comprabas "tal como es"? El acuerdo implícito es que el vendedor no tiene obligación de reparar ningún defecto advertido en el presente ni ninguno que fuera descubierto subsiguientemente. Las personas emocionalmente seguras saben cómo apreciar a alguien "tal como es". Se dan cuenta de que si los demás hacen "zig" donde ellos hacen "zag", se producirá una imagen completa en lugar de un rompecabezas no resuelto.

Aceptar a los demás "tal como son" es a veces como un reto para mí porque suelo tener bastantes "reglas" sociales, tales como "no besar sonoramente", "no usar zapatos blancos después del Día del Trabajo", "no hablar en voz muy alta en público", y demás. Con frecuencia debo recordarme que aunque estas puedan ser las reglas de la etiqueta, tengo que aceptar el hecho de que otras personas eligen no cumplirlas.

Muchas mujeres han espantado o han perdido buenas parejas por insistir en amoldarlas a su imagen tallada. Le advertiría a cualquier hombre o mujer que decidiera si él o ella pueden aceptar verdaderamente a una pareja potencial "tal como es". Es casi una paradoja universal que cuando una persona sabe que es aceptada incondicionalmente, luego desea cambiar para demostrar su aprecio por tal aceptación. Si estás buscando la perfección, detente. Siempre te eludirá. Decide cuáles son los aspectos *esenciales* para tus relaciones y luego acepta el hecho de que algunos rasgos o conductas nunca llegarán a alcanzar tu modelo ideal.

Definir tus aspectos esenciales

Quiero hacerte una advertencia. Ten cuidado al escuchar el consejo de los demás en el área de cuál es tu necesidad esencial en una relación romántica. Comprende que los factores esenciales varían según la persona. Lo que es tolerable o aceptable para uno puede no serlo para otro. Soy muy clara en una cosa. Si bien mi esposo adora la comida y se deleita al llegar a casa para comer una gran comida, si me enfrento al dilema de cocinar o limpiar la casa, sé que para él es más importante entrar en un entorno limpio, libre de desorden. Este es su factor esencial. Ahora bien, mi amiga Delisa cometería un gran error si, al enfrentarse con la misma decisión, eligiera limpiar la casa en lugar de cocinar. Para su esposo, la comida es esencial.

Debo reiterar que los factores esenciales pueden ser tan individuales como las papilas gustativas. Puede que quieras que tu cónyuge demuestre afecto, tenga una fuerte ética laboral, sea un apoyo emocional, participe de deportes y de actividades al aire libre, viaje y, por supuesto, tenga un firme compromiso con Dios. Supongo que no es necesario advertirte que si la persona no demuestra los factores esenciales durante el cortejo, cuando mejor comportamiento demuestran, entonces es altamente improbable que su conducta cambie significativamente después de decir: "Sí, quiero". Lo que ves es lo que obtendrás.

Reto a la confianza

- ¿Hay algún área de tu vida en que temas ser tú mismo? ¿Por qué no dar un pequeño paso y ejercer deliberadamente tu individualidad durante la semana próxima? Además, la próxima vez que alguien exprese una opinión que sea contraria a la tuya, simplemente asiente y di: "Respeto tu derecho a diferir". Resiste el impulso de persuadirlos a que estén de acuerdo contigo.

Usar el trabajo en equipo

Y si uno prevaleciere contra uno, dos le resistirán;
y cordón de tres dobleces no se rompe pronto.

ECLESIASTÉS 4:12

EL LLANERO SOLITARIO, LA SUPERMUJER, Rambo y todo otro "fenómeno solitario" ya no son considerados como la solución a un problema insuperable. Lo que se lleva es el trabajo en equipo. El escalador Nick Sagar, habiendo triunfado sobre The Crew, una de las paredes de roca más difíciles de Colorado, dijo: "Los mayores logros individuales no son nunca eventos solitarios… uno sólo llega a lo mejor de uno con la ayuda de otras personas…"[5] Incluso algunos animales practican el poder del trabajo en equipo. Por ejemplo, si bien los leones machos habitualmente no participan de la caza de comida, las leonas siguen haciendo que se cumpla el trabajo por medio de un sistema de cooperación. Cazan en grupos o en manadas. La mayor parte del grupo de caza perseguirá a su presa hacia otro grupo que está tumbado esperando. Luego este grupo corre un poco, salta sobre el blanco y lo mata. Misión cumplida.

EL PODER DE LA COOPERACIÓN

Deuteronomio 32:30 habla de uno que persigue a 1.000 y de dos que hacen huir a 10.000. La lección a aprender es que dos que trabajan juntos como equipo serán diez veces más efectivos que uno que lo haga solo. Los equipos crean sinergia. La mejor explicación de sinergia es que una mano es más efectiva que cinco dedos trabajando de forma independiente. Un día, mientras hacía ejercicio en el gimnasio de mi casa, decidí probar esta teoría. Usando varias pesas, resolví que un kilo era lo máximo que podía levantar con un solo dedo. Una vez que establecí ese hecho, quise ver cuánto peso podía levantar con todos los dedos cooperando juntos. Racionalicé que si podía levantar un kilo por dedo, entonces el resultado obvio usando los cinco debería ser cinco kilos. No fue así. Pude levantar 15 kilos con una sola mano. El trabajo en equipo creó sinergia.

> No hay ni una sola actividad o función corporal que no requiera la cooperación de otra parte del cuerpo.

El cuerpo humano en general es, por mucho, el mejor ejemplo de la verdadera cooperación. No hay ni una sola actividad o función corporal que no requiera la cooperación de otra parte del cuerpo. Pensé mucho en este hecho un día y decidí encontrar alguna actividad que refutara esta teoría. Me dije a mí misma: "Simplemente pensaré, sin mover ni un músculo". Al cabo de segundos me di cuenta de que estaba respirando —una función muy necesaria para que llegue oxígeno al cerebro.

Ahora bien, a pesar del hecho de que David mató a Goliat, él hubiera perdido su vida con otro gigante si no hubiera sido por la cooperación e intervención de otro soldado.

> Volvieron los filisteos a hacer la guerra a Israel, y descendió David y sus siervos con él, y pelearon con los filisteos; y David se cansó. E Isb-benob, uno de los descendientes de los gigantes, cuya lanza pesaba trescientos siclos de bronce, y quien estaba ceñido con una espada nueva, trató de matar a David; mas Abisai hijo de Sarvia llegó en su ayuda, e hirió al filisteo y lo mató. Entonces los hombres de David le juraron, diciendo: Nunca más de aquí en adelante saldrás con nosotros a la batalla, no sea que apagues la lámpara de Israel (2 S. 21:15-17).

No importa qué tipo de reputación te hayas ganado, necesitarás la ayuda de los demás para tener éxito. Como dijo el actor Clint Eastwood en la película *Harry, el sucio*: "Un hombre debe conocer sus limitaciones".

Cuando la prensa entrevistó a Edmund Hillary refiriéndose a la clave de su éxito en ser el primero en llegar a la cima del Monte Everest, su respuesta fue inspiradora:

> Sin duda alguna nuestra mayor fortaleza sobre el Everest en 1953 fue nuestro muy fuerte espíritu de equipo. Individualmente, como montañeros, no éramos particularmente expertos. Éramos escaladores competentes, pero trabajamos juntos y estábamos resueltos a que alguien llegara a la cima. Por supuesto, todos nosotros queríamos ser esa persona, pero era aún más importante que alguien del grupo llegara a la cima. En la escalada moderna, este espíritu de equipo no es tan común. Hay muchas más prima donnas en la fraternidad de escaladores moderna, personas que tienen grandes habilidades, pero que no pueden trabajar juntos con tanto entusiasmo como lo hicimos nosotros.[6]

ARMONIOSAMENTE DIFERENTE

Funcionar efectivamente en un equipo no significa que alguien tenga que sacrificar su individualidad. Hay una diferencia entre cooperar y consolidar.

Obtengo gran deleite al observar lo bien que los músicos de mis iglesia trabajan en equipo. Cuando espío sus ensayos, con frecuencia advierto que el director no duda en parar todo cuando un instrumento en particular desafina. El músico que desafinó no se ofende, porque sabe que debe tocar en armonía con los demás para lograr un excelente producto final. Y vaya, excelencia es lo que producen. Son los mejores.

Como miembro de un equipo, debes darle una excepcional ventaja a las habilidades, los talentos u otros beneficios que traes al grupo. Si no percibes que tu mercancía es buena esto te restará entusiasmo, compromiso y efectividad. Además, para ser un miembro eficiente de un equipo, debes respetar y valorar lo que aportan los demás.

Una vez trabajé en un comité de gestión especial en una corporación mediana. Cada persona del comité tenía asuntos emocionales que hacían que él o ella fueran miembros ineficaces para el equipo. Que yo contara con mayor capacitación, educación y experiencia que ellos —junto con el hecho de que no quería participar— realmente afectó mi actitud hacia ellos. Un miembro del equipo era un hombre que siempre decía que sí y que estaba de acuerdo con cualquier cosa que hubiera dicho la última persona; nunca parecía tener un pensamiento original. Otro miembro del equipo había estado con la organización desde siempre, no tenía experiencia más allá de sus paredes y por ende era inflexible y estaba alejado del mundo real. Los tres miembros restantes simplemente eran incompetentes para sus cargos, lo que los mantenía en una modalidad de funcionamiento defensiva, de no aceptar nunca la culpa. En retrospectiva, me di cuenta de que había desarrollado una actitud de prima donna de impaciencia y falta de respeto por cualquier aporte que tímidamente presentaban. Simplemente asentía ante sus sugerencias, sabiendo que, si no actuaba, los planes nunca iban a llegar a buen puerto.

Para ser un miembro eficiente de un equipo, debes respetar y valorar lo que aportan los demás.

Una noche cuando expuse mis frustraciones con el grupo al Señor, me di cuenta de que la causa clave de mi infelicidad era que concedía poco o ningún valor a sus aportes. Entonces decidí comenzar a buscar lo bueno en cada persona. Tomé nota del hecho de que el "señor sí a todo" de hecho era bastante agradable y se llevaba bien con todos. Se podía contar con su apoyo incluso si él no comprendía los temas. La "señora sin experiencia" era demasiado mayor e insegura para cambiar y continuaría siendo un problema, pero era el papel de lija que yo necesitaba para suavizar los bordes ásperos de mi paciencia subdesarrollada. Ella definitivamente contribuía a mi crecimiento espiritual. Los otros miembros del equipo en realidad tenían deseos de aprender pero eran muy inseguros debido a su limitado conocimiento y a sus habilidades no comerciales. Sin embargo, eran buenos escuchando. Ocasionalmente, debido a su antigüedad en la compañía, proporcionaban un buen discernimiento sobre el origen de determinados problemas operativos.

Finalmente me di cuenta de que Dios me había ubicado en la compañía por mi experiencia para que hiciera cambios. Ser pomposa e impaciente seguramente sabotearía mi tarea divina. Con una nueva comprensión de mi propósito, armé y colgué a la vista en mi oficina el pasaje de 1 Corintios 4:7: "Porque ¿quién te distingue? ¿o qué tienes que no hayas recibido? Y si lo recibiste, ¿por qué te glorias como si no lo hubieras recibido?".

Me humillé y me arrepentí por mi actitud altiva. Estoy convencida cada vez más, día tras día, de que la humildad es el camino más rápido a los lugares elevados en Dios y a lograr nuestras metas.

COOPERACIÓN HUMILDE

Oí la historia acerca de dos cabras montesas que venían de lugares opuestos y se encontraron en un estrecho acantilado. El acantilado era lo suficientemente ancho como para que solo pasara una de ellas. De un lado estaba la empinada pared de la montaña y del otro, un risco. Las dos estaban enfrentadas, no había lugar para darse la vuelta y era imposible que alguna de ellas diera marcha atrás. ¿Cómo cree que resolvieron el dilema?

Si hubieran sido determinadas personas que conozco, hubieran comenzado a darse topetazos, insistiendo en su derecho a pasar hasta que ambas se cayeran por el precipicio. Pero, como cuenta la historia, estas cabras ejercieron más sabiduría que eso. La cabra A decidió recostarse y dejar que la cabra B literalmente caminara sobre ella. En consecuencia, cada una reanudó su camino y llegó a su destino. A veces tenemos que ser un poco humildes para alcanzar nuestras metas. Sé que este concepto desafía nuestra mentalidad moderna de ser el número uno, pero he aprendido la diferencia entre dejar que alguien camine *sobre* uno en contraposición a caminar *por encima de* uno. Nunca puedes resultar dañado o estar en desventaja con alguien que camine sobre ti. Nadie puede bloquear tu destino. Ahora bien, solo las personas con baja autoestima permiten que las personas las pisen. Caminar sobre mí no me disminuye ni me pone en una situación de desventaja. La decisión de la cabra A de humillarse garantizó que alcanzara *su* meta.

En un seminario de formación de equipos al que asistí hace un tiempo, el líder nos advertía constantemente que recordáramos que "ninguno de nosotros es tan inteligente como todos nosotros". No estoy segura de que él fuera el autor de la frase, pero nunca olvidaré la realidad de la misma. La repito con frecuencia.

LA MALDICIÓN DE LA COMPETENCIA

La competencia en las relaciones personales es fútil y contraproducente; todos pierden. Una derrota puede reforzar las inseguridades existentes del perdedor mientras que la victoria puede hacer que el ganador base su seguridad en la débil base de vencer a los demás. Muchas personas competitivas son inseguras. Están obsesionadas con demostrar que son mejores que otra persona en una tarea u otra. No basta solo con *saber* que son mejores. Ellos deben demostrarlo constantemente, principalmente a ellos mismos. Ganar les hace más valiosos.

Muchas personas tienen una mentalidad de "escasez" y creen que hay un solo pastel allí afuera en el gran mundo de Dios y que una porción para otro significa menos para ellos. Tal pensamiento limitado es un insulto a nuestro Padre, quien tiene recursos infinitos. Hace un tiempo, mi amiga Bunny Wilson se tomó un año sabático de su ocupado programa de dar conferencias y escribir. Realmente, me impresionó cuando, sin dudarlo, ella me recomendó a mí y a sus otras amigas del ministerio de hablar en público que ocupáramos su lugar en las frecuentes conferencias. Hay personas que compararían un acto como ese a darle a sus competidores una lista de los nombres y direcciones de sus clientes. Pero no Bunny. Ella camina en un elevado nivel de fe y seguridad emocional. Cree con firmeza y con frecuencia afirma que "lo que sea que Dios tiene para ti, tú lo obtendrás". El profeta Isaías estaba de acuerdo. "Porque Jehová de los ejércitos lo ha determinado, ¿y quién lo impedirá? Y su mano extendida, ¿quién la hará retroceder?" (Is. 14:27).

Un espíritu cooperativo se convertirá en la norma una vez que abracemos el hecho de que plantamos semillas para nuestro éxito cuando apoyamos a los demás. Pongamos el caso de Pablo y Apolos. Podrían haber sido competidores en el ministerio. Ambos eran hombres educados y ungidos de Dios. De hecho, algunos de los cristianos de Corinto pensaban que tenían que escoger a quién seguir, a pesar de que ambos predicaban el mismo evangelio. Pablo les llamó la atención por sus actitudes carnales.

> Porque diciendo el uno: Yo ciertamente soy de Pablo; y el otro: Yo soy de Apolos, ¿no sois carnales? ¿Qué, pues, es Pablo, y qué es Apolos? Servidores por medio de los cuales habéis creído; y eso según lo que a cada uno concedió el Señor. Yo planté, Apolos regó; pero el crecimiento lo ha dado Dios. Así que ni el que planta es algo, ni el que riega, sino Dios, que da el crecimiento. Y el que planta y el que riega son una misma cosa; aunque cada uno recibirá su recompensa conforme a su labor. Porque nosotros somos colaboradores de Dios, y vosotros sois labranza de Dios, edificio de Dios (1 Co. 3:4-9).

Pablo se negó a quedar atrapado en un concurso de popularidad. Su respuesta fue lo opuesto totalmente a lo que vemos hoy día. Muchos ministros realizan comentarios de menosprecio sobre otros ministerios en la radio y la televisión nacionales. Es lo contrario a un incentivo para los creyentes y los incrédulos. A diferencia de Diótrefes, el líder inseguro que no brindaba apoyo, que conocimos en un capítulo anterior, Pablo no tenía ambiciones vanas. Su principal objetivo era difundir el evangelio, y quería asegurarse de que ningún ministro se viera obstaculizado a hacerlo. En su carta a Tito, Pablo alentaba a los creyentes a darle pleno apoyo a Apolos: "A Zenas intérprete de la ley, y a Apolos, encamínales con solicitud, de modo que nada les falte" (Ti. 3:13). Tal solicitud solo podía emanar de un corazón seguro.

Uno de los valores centrales de mi vida profesional ha sido dejar mi ascenso y mi "exaltación" en manos de Dios. El apóstol Pedro advirtió: "Humillaos, pues, bajo la poderosa mano de Dios, para que él os exalte cuando fuere tiempo" (1 P. 5:6). Este pasaje de las Escrituras no significa que no debamos pedir lo que queremos o perseguir nuestras metas ardientemente. Lo que sí quiere decir es que debemos negarnos a participar en dar una puñalada por la espalda, rivalizar para obtener un favor, o cualquier otro método mundano para obtener un ascenso o una ventaja que asegure nuestro éxito. Dios orquesta las carreras de sus hijos. Cuando Él ha ordenado un ascenso, nada ni nadie puede detenerlo, ni siquiera ser arrojado al foso de un león. Pregúntale a Daniel (véase Dn. 6:1-28).

Si trabajas fuera del hogar, debes saber que es un insulto a nuestro Padre celestial pensar que un empleador en particular es tu única fuente de provisión. Para el hijo de Dios, un empleador no es más que un canal elegido para una temporada escogida. Cuando arraigues esta verdad en tu corazón, andarás con total seguridad en tu lugar de trabajo y te convertirás en un verdadero jugador de equipo.

Para el hijo de Dios,

un empleador no es

más que un canal

elegido para una

temporada escogida.

FORMACIÓN DE EQUIPO

Si estás intentando formar un equipo, debes tener cuidado, como líder, de no sabotear la efectividad del grupo complaciendo o recompensando a las prima donnas. Ya sea que suceda algo bueno o malo, todo el equipo debe compartir la gloria o el dolor. En la conmovedora película *Coach Carter* [El entrenador Carter], el entrenador de baloncesto de la escuela secundaria impuso un castigo de entrenamiento físico imposible a uno de los talentosos pero rebeldes jugadores que habían renunciado al equipo porque no quería someterse a las estrictas disciplinas del entrenador. Después de un tiempo, el jugador perdió la relación con el grupo y la oportunidad de ser parte de un equipo ganador. Él quiso ingresar de nuevo. El entrenador estuvo de acuerdo en permitirle que participara en el equipo bajo una condición: tenía que completar una cantidad extraordinaria de abdominales y "carreras suicidas" para una fecha determinada. Todos los ejercicios debían hacerse durante el entrenamiento regular del equipo ante los ojos atentos del asistente del entrenador. El último día, el penitente alumno no logró alcanzar su meta. El sabio entrenador le dijo que se fuera. En ese momento, sucedió una cosa extraña. Uno a uno, cada miembro del equipo, comprendiendo ahora qué significaba trabajar juntos, gradualmente se ofreció como voluntario para cumplir con su requisito. El entrenador, conmovido por su demostración de unidad, lo permitió y el jugador se volvió a unir al equipo. El grupo llegó a lograr un éxito sin precedentes.

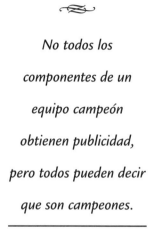

No todos los componentes de un equipo campeón obtienen publicidad, pero todos pueden decir que son campeones.

Para que cualquier equipo maximice su potencial, cada miembro debe estar dispuesto a subordinar sus intereses personales a los del equipo. Al final, todos ganan. El gran jugador de baloncesto Earvin "Magic" Johnson dijo una vez: "No todos los componentes de un equipo campeón obtienen publicidad, pero todos pueden decir que son campeones".

Por supuesto, no todos los líderes son como el entrenador Carter. He visto jefes inseguros crear deliberadamente la discordia entre los miembros de su personal. Evidentemente, temían que si los empleados trabajaban en armonía, se unirían en su contra. Está claro que la gerencia no es para personas cobardes ni inseguras.

Reto a la confianza

- En una escala de uno a diez, siendo diez el más alto, ¿cómo eres de efectivo como jugador de equipo?

- Explica tu puntuación.

Participar de una retroalimentación constructiva

El que ama la instrucción ama la sabiduría;
mas el que aborrece la reprensión es ignorante.

PROVERBIOS 12:1

NADIE TIENE UNA VISIÓN 20-20 de sí mismo y nadie es totalmente objetivo al evaluar su propio comportamiento. No es la forma de actuar de la naturaleza humana. Todos necesitamos retroalimentación para nuestro crecimiento personal y nuestro desarrollo. Puesto que todos la requerimos, con frecuencia nos enfrentaremos al reto de ser el que recibe o el que da dicha útil comunicación. Lamentablemente, las personas inseguras no *buscan* ni *otorgan* una retroalimentación constructiva. Temen las respuestas negativas.

Tuve una experiencia interesante una vez en mi lugar de trabajo cuando encabezaba un comité de edición cuya responsabilidad era asegurarse de que el informe anual de operaciones de la compañía fuera un producto de calidad. El informe era una recopilación de escritos de gerentes de diversos departamentos. Siendo una jugadora de equipo y habiendo sido adoctrinada en los grandes beneficios de la retroalimentación, mi primera acción después de escribir el segmento del informe de mi departamento fue hacer que un determinado grupo de compañeros lo revisaran. Nadie sugirió correcciones. Suponiendo que todos los que habían contribuido al informe trabajaban hacia una misma meta, el comité editó libremente la publicación corrigiendo los errores de gramática, de ortografía, oraciones largamente complicadas, información irrevelante y todas las demás violaciones de las reglas del buen escribir. Craso error. Muchos de los que aportaron se ofendieron por las modificaciones. Los temperamentos ardieron. Me sentí asombrada al ver a la gente que revisaba las correcciones siendo blanco de ataques personales. Sentí que el avión de mi carrera acababa de experimentar un aterrizaje forzoso en "Insegurilandia".

Debemos tener la confianza y el valor para brindar información significativa sin temer que alguien se moleste y nunca nos vuelva a hablar.

Afortunadamente, Dios ha fortalecido tanto mis emociones a través de los cargos gerenciales impopulares que he ocupado durante los últimos 33 años que, bromeando, me refería a mí misma como la "Reina del Teflón", nada se me pega. Dios me sostuvo a través de esa experiencia, y le agradecí muchas veces haber aprendido en mi carrera a solicitar siempre otro par de ojos para cualquier proyecto que valiera la pena. En una frase que se popularizó en la película *El Padrino*: "No fue nada personal, solo negocios".

Vi un documental reciente sobre la carrera del Secretario de Defensa de EEUU, Donald Rumsfeld. El comentarista lo describió como un "pararrayos para las críticas". Siguió advirtiendo que Rumsfeld siempre tuvo que tomar decisiones poco populares durante su carrera política y profesional. Rumsfeld, orientado hacia los objetivos, dijo: "Si no te critican, es probable que no estés haciendo mucho". Además declaró: "Cometer errores no es lo que importa; lo importante es corregirlos y continuar con la tarea principal". Estés de acuerdo o no con su política, debes admitir que estas son claramente las palabras de un hombre muy seguro.

OFRECER RETROALIMENTACIÓN CONSTRUCTIVA

Ofrecer retroalimentación constructiva puede percibirse como algo negativo o positivo. Creo que incluso si la retroalimentación es negativa en el sentido de señalar una deficiencia o un área que necesita mejorarse, el objetivo siempre debe ser mejorar o desarrollar algún aspecto de la vida o la actuación de una persona. Lamentablemente, si quien la recibe tiene una baja autoestima, cualquier debilidad que se señale puede encontrarse con una actitud defensiva, resentida o incluso hostil. En consecuencia, la mayoría de las personas son renuentes a decir algo. Debemos recordar que las personas no son como los hongos, no pueden crecer en la oscuridad. Deben ser informadas acerca de cómo se están desempeñando. Debemos tener la confianza y el valor para brindar información significativa sin temer que alguien se moleste y nunca nos vuelva a hablar. Si de verdad nos importa alguien, debemos aprovechar la oportunidad, por su bien, de ayudarlo en su desarrollo.

La historia de Apolos brinda un ejemplo perfecto de cómo dar *y* recibir retroalimentación constructiva. Apolos era un judío culto que tenía un conocimiento profundo de las Escrituras y de la religión judía. Llegó a la ciudad de Éfeso más de 50 años después de la muerte de Cristo. "Este había sido instruido en el camino del Señor; y siendo de espíritu fervoroso, hablaba y enseñaba diligentemente lo concerniente al Señor, aunque solamente conocía el bautismo de Juan. Y comenzó a hablar con denuedo en la sinagoga; pero cuando le oyeron Priscila y Aquila, le tomaron aparte y le expusieron más exactamente el camino de Dios" (Hch. 18:25-26).

Aquila y Priscila eran un equipo de marido y mujer que construían tiendas y eran socios en el ministerio con el apóstol Pablo. Habiendo escuchado predicar a Apolos, les resultó evidente que a pesar de su educación, su elocuencia y su entusiasmo, había algo que faltaba en su experiencia: un encuentro con el Espíritu Santo. Sabían que este componente marcaría la diferencia en el mundo de su ministerio.

Debemos aplaudir la madurez espiritual de esta pareja devota que decidió ayudar a este joven a ser todo lo que pudiera ser para Dios. En lugar de menospreciarlo frente a los demás, de criticar su deficiencia, o de envidiar sus grandes habilidades de oratoria, eligieron invitarlo a su hogar y explicarle todo el evangelio de Cristo.

Si Apolos hubiera sido orgulloso, un altivo sabelotodo, hubiera rechazado su consejo. En cambio, demostró humildad y capacidad de aprender al someterse a su guía. Plenamente equipado con la unción —sumado a ser experto en las Escrituras— Apolos se convirtió en un recurso aún más valioso para la obra del Señor. Él "fue de gran provecho a los que por la gracia habían creído; porque con gran vehemencia refutaba públicamente a los judíos, demostrando por las Escrituras que Jesús era el Cristo" (Hch. 18:27-28).

Practicar los principios

La capacidad de ofrecer una retroalimentación constructiva es una conducta aprendida. Cuanto más la practicamos, mejor lo hacemos. Veamos cuatro maneras prácticas, que honran a Dios, de brindar una información útil.

Orar. Ora antes de decidir acercarte a alguien con comentarios constructivos. Pídele a Dios que te revele su verdadero motivo. ¿Estás enojado con la persona y quieres desahogarte? ¿Estás siendo sólo crítico para sentirte mejor acerca de tus deficiencias e inseguridades? Una vez que tengas claro cuáles son tus motivos, debes orar para que la persona sea receptiva a tu información. Piensa qué le vas a decir. Obtén la guía de Dios. Cree en que las palabras que Él te dará tendrán el impacto correcto. "Así será mi palabra que sale de mi boca; no volverá a mí vacía, sino que hará lo que yo quiero, y será prosperada en aquello para que la envíe" (Is. 55:11). Habitualmente cuando nos acercamos a alguien con nuestra propia lógica, juicio u opinión encontramos resistencia.

De inmediato. No te retrases en brindar la retroalimentación necesaria. La situación solo continuará, y tal vez empeorará, cuando la persona no sea consciente de su deficiencia. Aquila y Priscila podrían haber dicho fácilmente: "Simplemente oraremos por Apolos, y tal vez Dios le revelará lo que debe saber". Una conversación rápida te permitirá citar con precisión casos específicos de la conducta problemática. Por supuesto, sería útil estar preparado para ofrecer sugerencias específicas para mejorar.

Personalmente. Ve tú mismo directamente hacia la persona, siempre cara a cara cuando sea posible. A nadie le gusta saber que has compartido sus deficiencias con todos los demás de su círculo de relaciones antes de hablarlo con él. Hazte dueño del problema. Dile lo que has observado personalmente. No te ocultes detrás de lo que "ellos" están diciendo. Lo ideal sería que tú ya hubieras demostrado tu apoyo hacia la persona mucho antes de decidir que necesitabas "repararla". Esto, por cierto, le ayudará a ser más receptivo a tu información.

En privado. Asegúrate de que no haya nadie alrededor que escuche los comentarios. Aquila y Priscila no enfrentaron a Apolos en la sinagoga; le enseñaron en la privacidad de su hogar. Hacer comentarios constructivos en presencia de otras personas solo ocasionará que la persona se preocupe por ello; hay muchas posibilidades de que no absorba nada de lo que digas. Busca un lugar tranquilo donde puedas tratar los temas sin interrupción.

No te desilusiones si la persona no adopta de inmediato tus sugerencias. A veces la verdad es demasiado dolorosa para aceptarla rápidamente. Expresa tu cuidado y apoyo y déjale el resto a Dios. Tú ya has hecho tu tarea.

Recibir retroalimentación constructiva

A nadie le gusta oír sobre sus debilidades. Fue Job el que dijo: "¡Cuán eficaces son las palabras rectas!" (Job 6:25). Escuchar sugerencias, aunque se digan para ayudar, puede ser especialmente doloroso para las personas inseguras. Ellos interpretan toda mención de una necesidad de mejorar como una confirmación o prueba de sus peores temores: les está faltando algo.

Para poder caminar con confianza algún día, debes aprender a beneficiarte de esa información. Permíteme sugerirte cuatro formas de responder a dicha información no tan agradable de oír.

Escucha. No interrumpas con una explicación o excusa para tu comportamiento. Ponerte a la defensiva es con frecuencia la resistencia de tu carne al dolor de la verdad. "El oído que escucha las amonestaciones de la vida, entre los sabios morará" (Pr. 15:31). Deja que tu lenguaje corporal indique que tienes la intención de oír todo lo que la persona te está diciendo. Evita sonreír con presunción, poner los ojos en blanco o parecer incrédulo. En cambio, intenta asentir con la cabeza, mirar a la otra persona a los ojos y hacer preguntas clarificadoras. Esto alentará a la persona a relajarse y a no buscar con tanta dificultad las palabras correctas para evitar ofenderte. Ante todo, no planees cómo responder; simplemente sigue escuchando. Además, ora en silencio para discernir motivos ocultos. Algunas personas simplemente disfrutan siendo críticas. Solo pueden sentirse bien consigo mismas cuando menosprecian a los demás.

Ponerte a la defensiva con frecuencia es la resistencia de tu carne al dolor de la verdad.

Mira. Verifica si hay un núcleo de verdad. "Como zarcillo de oro y joyel de oro fino es el que reprende al sabio que tiene oído dócil" (Pr. 25:12). Por lo general hay algún ápice de verdad en la información negativa, especialmente cuando se oye de más de una persona. No le tengas miedo a la verdad. La verdad te liberará. No es tu enemiga; siempre será tu amiga. Recuerda el proverbio árabe que dice: "Si una persona le dice que es un burro, no le preste atención. Pero si cinco personas le dicen que lo es, vaya y cómprese una montura".

Aprende. Esté abierto a nuevas formas de comportarse. Pida sugerencias. Ser educable es un buen rasgo. "Da al sabio, y será más sabio. Enseña al justo, y aumentará su saber" (Pr. 9:9). El ministerio de Apolos adoptó un rumbo totalmente nuevo cuando abrazó la verdad que Aquila y Priscila le enseñaron.

Vete. No tienes por qué soportar la crítica. Simplemente di: "Gracias por tu información". Maneja los comentarios de forma similar a como comes el pescado con espinas: comes la carne y dejas las espinas. No dediques tiempo a ensayar el encuentro. Ni siquiera Jesús complacía a todos. Debemos adoptar la actitud del apóstol Pablo: "Hermanos, yo mismo no pretendo haberlo ya alcanzado; pero una cosa hago: olvidando ciertamente lo que queda atrás, y extendiéndome a lo que está delante, prosigo a la meta, al premio del supremo llamamiento de Dios en Cristo Jesús" (Fil. 3:13-14).

Pablo nos advirtió que nos vistiéramos para el éxito espiritual colocándonos toda la armadura de Dios. Uno de los aspectos más críticos de la armadura es el escudo de fe, puesto que nos protege de los feroces dardos del enemigo. Deja que todos los comentarios y acusaciones que "matan la confianza" lanzados hacia ti golpeen en tu escudo de fe en lugar de absorberlos en tus emociones. Con frecuencia me acuerdo de que no importa cuánta agua viertas sobre la espalda de un pato, simplemente se desliza. Debemos mantener nuestra armadura intacta y no permitir que las críticas penetren en nuestra alma, mente, voluntad o emociones.

Reto a la confianza

- Escribe una breve reseña de lo que le dirás a alguien a quien has estado planeando o deseando brindarle una crítica constructiva.

- ¿Cómo te sentirías o responderías si fueras tú quien recibe esta información?

Fijar límites

*"Mas si no oyereis estas palabras, por mí mismo
he jurado, dice Jehová, que esta casa será desierta".*

JEREMÍAS 22:5

DIOS TIENE LÍMITES. La Biblia está repleta de sus mandamientos y de las consecuencias de no cumplirlos. Establecer límites sigue siendo actualmente un tema popular en los círculos cristianos, ya que muchos creyentes están comenzando a comprender que ser un felpudo no los hace ser más devotos. Algunas personas están tan ansiosas por sentir que pertenecen a algo que abandonan sus ideas, opiniones, gustos y preferencias solo para relacionarse con una persona o grupo. No te convertirás nunca en una persona segura si sientes que no puedes ser tú mismo; el verdadero tú ha abandonado el hogar.

FIJAR LÍMITES

En el pasado, cuando enseñaba sobre resolución de conflictos, con frecuencia afirmaba que algunas personas no tenían límites. Sin embargo, he llegado a darme cuenta con el correr de los años que todos tenemos límites que no queremos que los demás traspasen. Algunas personas son muy directas al expresar esos límites, mientras que otras temen demasiado al rechazo y al alejamiento como para comunicarlos. A veces incluso pequeños fastidios como alguien que constantemente pronuncia mal tu apellido o te hace bromas inocentes, pueden continuar durante años si nunca expresas tu objeción. Piensa en esta historia que me contó Ann.

Ann es una afro-americana bella, de piel oscura a la que le encanta el chocolate. Un día, un caballero que también es afro-americano llegó a su piso trayendo chocolate para todo el personal. Ann expresó su entusiasmo y se dirigió directamente a los chocolates. Cuando él entró en la oficina algunas semanas más tarde, saludó a Ann muy alegremente, diciendo: "Hola, chocolate". Si bien Ann no tiene inseguridades personales acerca de su piel muy pigmentada, ella sabía que él estaba haciendo una sutil referencia a su piel. Decidió que era mejor cortarlo de raíz en ese momento y en ese lugar. Dijo muy firme: "Sam, preferiría que simplemente me llamaras Ann". No es de extrañar que cuando vio a Sam un tiempo después, él pareciera un poco distante. Ella sabía que lo había ofendido con su respuesta. Sin embargo, nunca la volvió a llamar "Chocolate". La única opción de Ann al tratar con esta situación hubiera sido permitirle que continuara fastidiándola y, al hacerlo, lograr que ella sintiera resentimiento hacia él. Fijar límites puede ser algo arriesgado, y a veces requiere una verdadera seguridad emocional para aventurarse a hacerlo.

Nadie debe convertir jamás en hábito sacrificarse por nadie hasta sentir resentimiento. Ni siquiera Dios.

Muchas personas inseguras dicen que sí cuando quieren decir que no. Con frecuencia hacen sacrificios hasta el punto del resentimiento. Este es un error terrible. Nadie debe convertir jamás en hábito sacrificarse por nadie hasta sentir resentimiento. Ni siquiera Dios. Así es, el Señor no quiere que lo sirvamos a regañadientes. El salmista nos advierte: "Servid a Jehová con alegría" (Sal. 100:2).

CERRAR LA PUERTA

Si quieres acelerar tu crecimiento en el área de fijar límites, de inmediato debes comenzar a decir que no a actividades que no te traen gozo y que no encajan con el propósito divino para tu vida.

En un capítulo anterior, nos ocupamos de la historia de cómo Jesús se negó a mediar en una disputa de bienes entre dos hermanos. Cuando uno de ellos interrumpió su enseñanza para pedirle que interviniera respecto de su herencia, Jesús simplemente respondió: "Hombre, ¿quién me ha puesto sobre vosotros como juez o partidor?" (Lc. 12:14). En otras palabras, Jesús decía: "No voy a permitir que *me* distraigas de *mi* propósito al involucrarme en algo que no he sido llamado a hacer". La lección adicional a aprender de este incidente es que Jesús no dio una explicación prolongada respecto a por qué Él no podía complacerlos. Es más, no dijo que no estaba disponible en ese momento pero que intentaría ocuparse de ello más tarde. Tal respuesta deja siempre la puerta abierta para una solicitud subsiguiente. Él simplemente dijo un firme y definitivo "no" y cerró la puerta permanentemente al tema.

¿Alguien te pidió alguna vez que le prestaras algo de dinero y tú respondiste: "Lo siento, pero no cuento con él ahora?" ¿Qué piensas que hubiera sucedido si hubieras dicho: "Sally, no voy a prestarte el dinero porque me doy cuenta de que estoy permitiendo que sigas gastando irresponsablemente, lo cual no te está ayudando"?

Para ser sincera, no me siento del todo cómoda todavía diciendo que no sin una explicación. Hace muchos años me ofrecía como voluntaria de vez en cuando para ser niñera de unos niños traviesos de nuestra iglesia. Mi meta era aliviar a una amiga que había sido manipulada para cuidarlos con más frecuencia de la que ella deseaba. Sabía que realmente ella necesitaba mi apoyo puesto que era mucho mayor que yo y también era responsable de cuidar a su esposo enfermo. Después de un tiempo, los padres de estos niños comenzaron a pedir mis servicios directamente, incluso en momentos que había reservado para estar con mi esposo. Me hallé buscando una excusa legítima respecto a por qué no podía cumplir con su petición. En una ocasión, mi esposo, que oyó mi conversación telefónica tratando de salirme de la ahora temida tarea, dijo desde el fondo: "No tienes que dar explicaciones. ¡Simplemente di que no quieres cuidarlos!". Cuando más tarde reflexioné sobre mi renuencia a ser tan directa, me di cuenta de que temía perder la estima de esa pareja. Ellos tenían una posición de influencia en la iglesia, y yo sentía que era un privilegio tener una relación con ellos. Por supuesto, esto fue hace muchos años. Hoy día, sin dudarlo, les informaría rápidamente sobre cuándo o si estaría disponible.

Si estás empezando a desarrollar tu sentido de seguridad, puede que te sientas más cómodo respondiendo a una petición no deseada diciendo: "Lo lamento. Tengo otros compromisos previos". Puedes preguntarte: "¿Y si no tengo ningún compromiso?" Por supuesto que lo tienes. Te has comprometido contigo mismo a dejar de ser manipulado para hacer cosas que no quieres hacer.

LÍMITES Y CONSECUENCIAS

Cuando nos volvemos lo suficientemente seguros como para establecer nuestros límites personales, también debemos dar un paso más y expresar las consecuencias que estamos dispuestos a poner en práctica cuando alguien los viole. Ahora bien, esto puede sonar un poco duro, pero los límites sin las consecuencias son solo deseos. Los deseos no cambiarán la conducta de nadie hacia nosotros. Es triste observar a los padres amenazando constantemente con castigar a sus hijos por un mal comportamiento pero nunca cumpliendo con dicha amenaza. Mi padre nunca hizo promesas vacías acerca de las consecuencias de nuestra desobediencia. De hecho, ¡sus amenazas y consecuencias siempre se daban simultáneamente! Vaya si nos hacía temer las consecuencias.

> *Los límites sin las consecuencias son solo deseos.*

Los cristianos que creen que la misericordia debería durar para siempre consideran que no es devoto imponer consecuencias. Tal vez deberíamos echar una rápida ojeada a algunos de los límites de Dios y las consecuencias relacionadas con ellos:

- He aquí que todas las almas son mías… el alma que pecare, esa morirá (Ez. 18:4).
- Si no oyereis, y si no decidís de corazón dar gloria a mi nombre, ha dicho Jehová de los ejércitos, enviaré maldición sobre vosotros, y maldeciré vuestras bendiciones (Mal. 2:2).

- Porque si perdonáis a los hombres sus ofensas, os perdonará también a vosotros vuestro Padre celestial; mas si no perdonáis a los hombres sus ofensas, tampoco vuestro Padre os perdonará vuestras ofensas (Mt. 6:14-15).

Dios deja muy claro que cuando violamos sus límites, sí habrá consecuencias. La opción es nuestra.

Así como Dios ha establecido un límite en las aguas del mar para que la marea llegue lejos (Job 38:8-11), del mismo modo debemos fijar límites sobre cuán lejos permitimos que la gente interactúe con nosotros.

Tenía un profesor en la escuela secundaria que siempre decía: "Los derechos de un hombre terminan donde empiezan los del otro". Los límites nos ayudan a definir los parámetros de nuestras vidas. Establecerlos en nuestra vida personal y profesional es algo devoto.

Una vez acepté trabajar en una compañía que tenía procedimientos muy flexibles para fichar en el trabajo. Cuando entré como controladora, el empleado a cargo de las nóminas estaba al borde de un ataque de nervios tratando de seguir el ritmo de la variedad de métodos para informar de las horas de trabajo, lo cual incluía memorándums, hojas de asistencia ineficazmente diseñadas y hojas de trabajo especiales. Algunos de los ejecutivos se negaban por completo a presentar una hoja de asistencia. Esto hacía que fuera imposible rastrear sus días de vacaciones y de licencia por enfermedad. Para mí, era claro que el lugar necesitaba una estructura. Inmediatamente elaboré una hoja de asistencia estándar y les anuncié a todos los empleados que si querían un cheque de pago, tendrían que presentar la hoja de asistencia en el momento oportuno y rellenada adecuadamente. El anuncio resultó ser como una mofeta en un pic-nic. Algunos de los ejecutivos quisieron probar mis límites e inicialmente no cumplieron con esto. Luego les informé a todos que suponía que los que no presentaran la nueva hoja de asistencia habían elegido enrolarse en mi plan de "retribución pospuesta"; es decir, que su cheque sería pospuesto hasta que recibiéramos la hoja de asistencia. Esta consecuencia hizo que todos cumplieran. Por supuesto, no me gané muchos amigos, pero se detuvo el caos y yo logré que mi método de nómina se hiciera de manera ordenada y cumpliendo con las leyes laborales del Estado.

Cuando no logramos expresar nuestros límites, las personas no tienen muy claro qué conducta aceptaremos o toleraremos. Queda a su cargo la decisión basándose en sus propias preferencias, conveniencia o caprichos.

LOS LÍMITES DE LA ADMINISTRACIÓN DE LA VIDA

Dios nos ha convertido en administradores en tres áreas clave de nuestras vidas, donde las líneas de interacción se vuelven borrosas si no las definimos con claridad. Veamos cuáles son.

Nuestro tiempo. El tiempo no discrimina a nadie. Ya se sea rico o pobre, delgado o gordo, culto o no, todos tenemos 1.440 minutos por día. Si no estructuramos nuestros días de acuerdo a nuestras prioridades deseadas, nos encontraremos constantemente frustrados y preguntándonos a dónde se fue nuestro tiempo.

Recuerdo una época en la que tenía una política de puertas abiertas en mi oficina. Mi meta era ofrecer un buen servicio al cliente para los jefes de departamento al estar disponible para abordar sus preocupaciones financieras y otras dentro del ámbito de mi responsabilidad. Esta política convirtió mi oficina en una colmena de actividad. Había momentos en que hasta tres o cuatro personas estaban literalmente de pie en mi oficina esperando su turno para verme. Me sentía como Moisés en el desierto intentando abordar diariamente los problemas de cada persona de la multitud. Esto nos frustraba a ellos y a mí. Yo no necesitaba a un Jetro para que me dijera que lo que estaba haciendo no estaba bien (véase Éx. 18). Era evidente. Detuve de inmediato esta política. Enseguida les requerí a todos que concertaran una cita conmigo antes de venir a mi oficina. Algunos gerentes al principio se negaron a honrar mi solicitud, y deambulaban para tratar sus asuntos de todos modos. Debido a que la mayor parte del tiempo yo trabajaba con la puerta abierta, ellos suponían que estaba disponible. No tenían respeto por el hecho de que debía procesar mi infinita lista de cosas por hacer. Finalmente, comencé a trabajar con la puerta cerrada. Coloqué un cartel solicitando a todos los visitantes que concertaran una cita primero. Insistí en que mi asistente reforzara mis límites respetando a las personas. Oí a un gerente quejarse de que yo, como gerente de finanzas, estaba intentando ser más importante que el director ejecutivo. Pero me mantuve firme hasta que establecí el orden en mi entorno.

Encuentro que la gente en general no acepta demasiado bien una nueva estructura o un cambio. ¿Significa esto que debemos permitir que el caos o la desorganización continúen para evitar ser poco populares con los demás? ¡Dios no lo permita! En mi situación, repetidas veces expliqué que cuando honraban mi límite de tiempo, esto me permitía servirlos más efectivamente prestándoles toda mi atención.

En el frente del hogar, libré otra guerra con los límites de tiempo. Mi esposo se levanta temprano y pide que, durante la semana, la gente no llame a casa después de las diez de la noche. Ahora bien, tengo algunas amigas solteras y miembros de la familia olvidadizos que saben que soy un búho nocturno y que pueden habitualmente encontrarme trabajando en mi computadora hasta bastante tarde. Cuando ignoraban nuestro límite y llamaban a casa de todos modos, inmediatamente les recordaba que estaban llamando más tarde del toque de queda. Si violaban el límite nuevamente, yo no contestaba el teléfono. Usaba el contestador telefónico para clasificar la llamada y luego les decía que lo hacía porque habían llamado después de las diez de la noche. Por supuesto, hubiera preferido no decir nada y sentirme resentida, pero eso no hubiera sido bueno para mí ni para ellos, ya que finalmente hubiera perjudicado nuestra relación.

Nuestro talento. Es personalmente gratificante y eleva nuestra estima saber que uno tiene una habilidad o talento que otras personas necesitan y desean. Sin embargo, también puede ser una fuente de frustración cuando otros llegan a la conclusión de que tienen derecho a usar *gratuitamente* tu talento simplemente porque sí.

Tengo una amiga a la que llamaremos Juanita, que es una cantante con talento. Ha hecho los coros para conocidos animado-

198 | Los siete hábitos de las personas emocionalmente seguras

res, pero nunca ha tenido muchos éxitos personales. No obstante, cantar es una de sus diversas fuentes de sustento financiero. Los organizadores de retiros y de eventos la han llamado para preguntarle si cantaría sin cobrar. Algunos le informaron: "Pagamos a los conferencistas, pero no a los cantantes". Otros han ofrecido pagarle solo el alojamiento y los gastos de viaje. Ella se enfurece por su insolencia. Cuando me cuenta los incidentes, dice: "¿Qué les hace pensar que solo quiero vacaciones?". O: "Elijo la beneficencia a la que quiero brindarle mi tiempo. Nadie más puede decidir eso por mí". Le haría bien a Juanita establecer un programa de honorarios junto con otros requisitos de contratación. Si se siente incómoda al tratar sus honorarios, podría pagarle a una amiga o a otra persona algo modesto antes del evento para que manejara este aspecto del negocio por ella. Establecer un honorario comercial oficial por sus servicios también implicaría que sus servicios deben ser *contratados*. Juanita debería recordarles también a sus queridos miembros de la familia, que están orgullosos de su talento, que dejen de mandarle recomendaciones que no pagan; esto ocurre con frecuencia.

Al ser contadora pública recibo numerosas llamadas solicitando servicios financieros que podría de hecho aceptar si quisiera trabajar 24 horas al día. Algunos provienen de viejos conocidos o amigos que esperan que haga el trabajo gratis. Ocasionalmente, me ofrezco como voluntaria durante mi hora de almuerzo dando una hora de mi cerebro. Sin embargo, he descubierto que las personas le dan poco valor a cualquier cosa que no les cuesta mucho. Por lo tanto, he elaborado una lista de profesionales que pueden acomodarse a sus necesidades.

Los límites nos mantendrán emocional y físicamente sanos. No tenemos que expresarlos con un espíritu maligno. No es una propuesta del tipo "o esto o aquello". Se trata más bien de decidir qué quieres o qué no quieres para tu vida.

Nuestro dinero. El tema financiero es una de las áreas más desafiantes al fijar límites. No es ningún secreto que la mayoría de los matrimonios fracasan debido a temas financieros. Las relaciones de larga duración pueden disolverse cuando uno no paga un préstamo personal. El consejo siguiente sobre fijar límites financieros es un extracto de mi libro *Show me Money!* [Muéstrame el dinero].

- Habla con tu cónyuge acerca de la cantidad máxima de dinero que cada uno de vosotros puede gastar sin obtener el permiso del otro. Toda cantidad que supere este límite se considerará "importante" y requerirá un acuerdo completo. Toda pareja define una "compra importante" de forma diferente, según sean los ingresos del hogar. Ajústate a lo que ha sido acordado. Confía en mí, esto es importante. Si no llegas a un acuerdo en una transacción, cuando las cosas salen mal la tendencia es a señalar con el dedo.

- Aconseja a tu familia que los préstamos personales están en contra de la "política de tu casa". Si decides hacer una excepción a la política, asegúrate de que tu cónyuge está totalmente de acuerdo. Establece los términos y las fechas de vencimiento por escrito.

- No permitas que tus hijos, tu cónyuge u otra persona sea irresponsable rescatándolo o siendo siempre su red de seguridad. Simplemente di que no. Si no dices que no, interrumpes uno de los principios más eficaces de Dios: sembrar y cosechar las consecuencias de la conducta individual. La verdadera madurez se produce cuando se aprende esta lección. ¡El amor debe ser duro! Si eres permisivo, pídele a Dios ahora mismo que te dé la fortaleza para dejar de serlo. Insiste en pedirle ese cheque de la renta a tu hijo adulto que todavía vive en casa. Este es el verdadero amor.[7]

A algunas personas les encanta la atención que reciben al servir o dar a los demás con una actitud de mártir. Conozco personas que dejan que otros violen sus límites pidiendo prestado dinero o manipulándolos para conseguir otros favores. Cuando oigo a alguien decir algo así como: "Le di a María mi último dólar" debo resistir la tentación de decir: "¿Quién te obligó a hacerlo? ¿Cuál es tu recompensa? ¿La compasión o la atención tiene más valor para ti que el dinero en efectivo?" Detén la charada. Dios ama a quien da con alegría. Cualquier cosa que des, debes darla desde un corazón puro o bien Dios no tendrá más recompensa para ti.

Tengo un pariente de más de 50 años de edad cuya autoestima está inherentemente unido a dar dinero a los demás. Con frecuencia se encuentra en apuros financieros, viviendo al día con lo justo aunque tiene un buen salario. Cuando estaba creciendo, su padre era bastante frugal y eligió no darle una cantidad mensual de dinero a cada uno de sus siete hijos. Se arreglaban con unas monedas que les daba de cuando en cuando cada vez que tenían el valor para pedírselo. El hombre de este ejemplo me relató la historia de cómo un día su tío le dio 25 centavos de dólar. Nunca se sintió tan feliz en su vida; sintió un profundo amor hacia su tío por su extrema generosidad. Juró que un día él iba a ser capaz de evocar ese mismo sentimiento en el niño de alguien. Hoy libremente —a veces tontamente— entrega su dinero, su comida y otros favores a los niños de su vecindario que se agolpan alrededor de su coche. Les encanta verlo venir. Sé que muchas veces no puede pagarlo, pero no puede arriesgarse a perder su "amor" al decir que no a sus peticiones de dinero. Siente que tiene que llenar toda brecha dejada por padres irresponsables o ausentes. El deseo de mi corazón es que busque consejo para tratar sus creencias erróneas y su falso sentido de la responsabilidad.

Sí, fijar límites de tiempo, talento o dinero es una tarea sumamente problemática para los que son inseguros. Pero no debería serlo. Puedes dejar el hábito de hacer cada vez más cosas que realmente no quieres hacer, y detestar cada momento. La clave consiste en comenzar poco a poco con un tema que consideres que tiene poco riesgo o impacto sobre una determinada relación. Puede ser algo tan sencillo como decidir pagar sólo tu pequeña parte de la cuenta de un restaurante en lugar de dividir la cuenta en partes iguales con amigos o familiares que comieron como si no existiera el mañana.

Reto a la confianza

- ¿En qué área de tu vida necesitas establecer un límite?

- ¿Por qué no lo has hecho? ¿A qué le temes realmente?

Capacitar a los demás

*Habiendo reunido a sus doce discípulos, les dio
poder y autoridad sobre todos los demonios, y
para sanar enfermedades. Y los envió a predicar
el reino de Dios; y a sanar a los enfermos.*

LUCAS 9:1-2

LAS PERSONAS EMOCIONALMENTE SEGURAS buscan capacitar a los demás. Jesús era un experto en esto. Al capacitar a sus discípulos, Él se aseguró de que su misión en la tierra continuaría siendo llevada a cabo mucho después de que Él se fuera. Capacitar significa llenar con poder. El poder es energía. Cuando lo convertimos en un hábito, energizamos a los demás para que logren sus metas y las nuestras. Jesús practicaba este principio: "De cierto, de cierto os digo: El que en mí cree, las obras que yo hago, él las hará también; y aun mayores hará, porque yo voy al Padre" (Jn. 14:12).

Los minoristas de éxito saben que cuando capacitan a sus empleados para resolver las necesidades de sus clientes, han creado una situación en la que todos ganan. Por lo tanto, rápidamente les dan autonomía y flexibilidad en la toma de decisiones. Los resultados son clientes que vuelven y que disfrutan de la política de "sin problemas" y empleados que se sienten más facultados en sus empleos.

Por otra parte, algunos gerentes usan la falta de capacitación como medio para controlar a sus empleados. Lamentablemente, estos gerentes no han aprendido a multiplicar su efectividad al hacer que otras personas tengan más poder. Los principios de la capacitación obran igualmente en nuestras vidas y en nuestro mundo laboral. Hay varias estrategias para capacitar a los demás. Veamos algunas.

INFORMAR/CAPACITAR

No hay nada más desmoralizador, que nos prive del poder y la estima que estar fuera del círculo de información que tiene impacto sobre uno. Por difícil que fuera para Jesús que lo comprendieran sus discípulos, Él sabía que tenía que informarles de los eventos futuros que los afectarían.

Habiendo salido de allí, caminaron por Galilea; y no quería que nadie lo supiese. Porque enseñaba a sus discípulos, y les decía: El Hijo del Hombre será entregado en manos de hombres, y le matarán; pero después de muerto, resucitará al tercer día (Mr. 9:30-32).

Más tarde les dijo: "En la casa de mi Padre muchas moradas hay; si así no fuera, yo os lo hubiera dicho; voy, pues, a preparar lugar para vosotros. Y si me fuere y os preparare lugar, vendré otra vez, y os tomaré a mí mismo, para que donde yo estoy, vosotros también estéis" (Jn. 14:2-4).

Si aceptamos el axioma de que "la información es poder", uno pensaría que todos usarían esta herramienta para capacitar a los demás. Por desgracia, algunas personas retienen información como medio para controlar a los demás. Usan la incertidumbre para que los empleados adivinen sus problemas. Mantener a los demás en la oscuridad sobre asuntos clave sabotea la productividad y la creatividad.

Mantener a los demás en la oscuridad sobre asuntos clave sabotea la productividad y la creatividad.

En el lugar de trabajo, los empleados que reciben capacitación auspiciada por la compañía suelen ser más leales y productivos. Dicha inversión en ellos les da una sensación de ser valorados y, por lo tanto, satisface una de las necesidades humanas básicas. Si se sienten bien respecto de sí mismos, se sentirán bien con la compañía y buscarán formas de devolver el favor.

La necesidad de estar informado no solo se limita al lugar de trabajo. Muchas esposas que se quedan en su casa no se sienten facultadas, ya que algunas de ellas no tienen conocimientos ni nada que decir sobre las finanzas familiares. He aconsejado a parejas en las que el esposo mantiene en la oscuridad a su esposa derrochadora, en lo que se refiere a los ingresos del hogar, en lugar de tratar directamente el tema de su irresponsabilidad. Ambos cónyuges deben estar involucrados en las decisiones económicas importantes y tener un entendimiento general de los ingresos y gastos mensuales. Más de la mitad de los divorcios son atribuibles a temas financieros porque uno o ambos esposos no tienen ni idea de cómo se supone que debe funcionar una sociedad. En una sociedad comercial, debe haber una revelación completa para todos los socios, si se quiere que la entidad sobreviva.

La capacitación simplemente es aflojar las riendas sobre cómo se hará algo mientras se retiene el control sobre qué debe hacerse.

CONFIANZA

La capacitación se da cuando uno confía en las personas que tienen una tarea sin controlar al milímetro todas sus acciones. La capacitación simplemente es aflojar las riendas sobre *cómo* se hará algo mientras se retiene el control sobre *qué* debe hacerse. Los gurúes de la gerencia corporativa están todos de acuerdo en que los empleados actúan mejor cuando se les da libertad para hacer sus trabajos con cierto nivel de independencia. Comenzarán a sentirse dueños del proyecto, del trabajo o de la función. Siempre estoy atenta para escuchar una actitud de "nosotros" en contraposición a "ellos" cuando los empleados se refieren a su compañía o grupo. Sus palabras son un indicio seguro sobre cómo se sienten de capacitados. ¿Alguna vez solicitaste un producto en una tienda minorista de ropa y la empleada te dijo: "Lo siento, no *me* quedan más"? Sus palabras indican que ella ha asumido la propiedad. Por otra parte, he estado en otros establecimientos donde las empleadas dicen con frecuencia: "No sé cuándo *ellos* tendrán ese producto disponible". Nada de propiedad, solo una mano de obra contratada.

Trabajé con una gerente tan insegura que no confiaba en sus empleados para participar en una conversación con otro gerente sin su aprobación. No solo temía que sus empleados la pusieran a ella o al departamento bajo una luz negativa, sino que también temía que se aliaran con otro gerente. Y aún así con frecuencia ella llamaba a empleados de otros departamentos a su oficina sin consultar a sus gerentes. Con razón sus empleados hacían las cosas de forma inconsciente y eran renuentes a sugerir cambios necesarios en el funcionamiento del departamento. Ni siquiera tenían la autonomía suficiente como para mantener libremente una conversación.

En un matrimonio, una mujer sabia faculta a su esposo cuando demuestra que ella confía en su toma de decisiones. Una de mis mentores, considerando mi fuerte personalidad, me dio algunos consejos sabios a principios de mi matrimonio sobre cómo facultar a mi marido. Ella me advirtió: "Todo lo que tú hagas, él no lo hará". Lo que quería decir era que si uno quiere que un hombre sea fuerte en un área, una debe resistir la tentación de hacerlo y manejarlo por él. Ese fue uno de los mejores consejos que recibí jamás. Siendo contadora, parecía lógico que yo manejara las finanzas del hogar. Sin embargo, realmente quería que mi esposo dirigiera y fuera fuerte en esta área. Seriamente oré para que Dios le diera sabiduría. Mi gran miedo era que, puesto que él tenía una visión más equilibrada de la vida y le encantaba disfrutarla, pusiera más prioridad en una "inversión para la diversión" que en ahorrar o en invertir en activos productivos. Por la gracia de Dios, nunca me opuse a ninguna decisión financiera que él tomó. Hoy día él maneja nuestras finanzas con tal competencia que me siento perpleja por algunos de los aspectos técnicos de la banca en línea, cheques generados por computadora y programas de finanzas personales. Si hubiera elegido no ceder el control, esta tarea complicada seguiría siendo mi responsabilidad.

DAR IMPORTANCIA

Mostrar que te importan las personas más que lo que ellas pueden hacer por ti es un acto de capacitación. En estos días modernos de reducción de personal, redimensionamiento y recortes precipitados a fin de lograr beneficios, la lealtad del empleado está a la baja. Si bien puedes no tener un control directo sobre determinadas decisiones de la empresa, si eres gerente o supervisor lo menos que puedes hacer es demostrar a tu personal que te importan.

Llevo a cabo una reunión semanal de oración con mi personal. Oramos por sus preocupaciones personales, tales como necesidades del hogar, compras de coches y demás. Les doy breves presentaciones sobre cómo negociar hipotecas, manejar las finanzas personales, y otras áreas no relacionadas con el trabajo. Cuando me topo con información que es relevante para asuntos que un empleado puede estar enfrentando, se la doy. Los 20 minutos que invierto en este proceso son el uso más productivo que se puede dar a ese tiempo. Ha traído cohesión a un equipo que antes era inestable y belicoso. Los empleados que antes permanecían callados y replegados ahora piden ayuda y expresan sus necesidades personales.

VALORAR

Con frecuencia reflexiono sobre el hecho de que Dios nos hizo a su imagen. Por lo tanto, creo que compartimos muchos de sus deseos. Por ejemplo, Él quiere que le alabemos, le agradezcamos y le valoremos por su bondad. Una de las advertencias más frecuentemente citadas para que hagamos eso se encuentra en Salmos 100:4-5: "Entrad por sus puertas con acción de gracias, por sus atrios con alabanza; alabadle, bendecid su nombre. Porque Jehová es bueno; para siempre es su misericordia. Y su verdad por todas las generaciones".

Ahora bien, ¿cuántos de nosotros queremos ser alabados, agradecidos y valorados por el bien que hemos hecho? Es un deseo otorgado por Dios. Casi nada desmoraliza más que sentirse no valorado. He observado una alabanza sincera energizar a una persona y hacerle florecer como una flor mustia que acaba de ser regada. Desde que he estado en una campaña para valorar a los buenos trabajadores y para expresar mi creencia en sus habilidades y capacidades, he recibido tarjetas, regalos y favores a cambio. Ojalá hubiera empleado esta estrategia hace años en lugar de pensar que el salario era una motivación lo suficientemente buena.

También he comenzado con el hábito de dejar mensajes de voz a amigos y miembros de mi familia simplemente expresando cuán agradecida estoy por tenerlos en mi vida y alabándolos específicamente por cosas que han hecho o por cosas que admiro de ellos. Una amiga me dijo que ella guardaba el mensaje en su contestador telefónico para poder volver a escucharlo si necesitaba un aliento ocasional.

Ah, los dividendos que un esposo o una esposa o cualquier otra persona cosecharían expresando valoración por las pequeñas cosas. Solo en el caso de que tu músculo de la gratitud se haya debilitado y des por sentado la mayoría de las cosas buenas y los esfuerzos, piensa en la lista que sigue de posibles tareas o responsabilidades para empezar a valorar cómo las hace tu cónyuge:

> Sacar la basura
> Llenar el tanque de gasolina
> Comprar los alimentos
> Lavar/doblar la ropa
> Bañar a los niños
> Ser puntual
> Regar el césped o las plantas
> Enviar las tarjetas de Navidad
> Preparar la comida
> Lavar el auto

Pagar las facturas
Ir a trabajar
Gastar sabiamente
Elegir los regalos de cumpleaños de los familiares
Limpiar la casa o la habitación
Apoyar tu carrera
Contar con él
Escuchar

La lista podría seguir y seguir. ¿Por qué no fijarse la meta de valorar por lo menos una cosa al día respecto de una persona particular en tu vida? Si eres hombre, no seas tan inseguro como para temer parecer débil si comienzas a advertir las pequeñas cosas. Se requiere un verdadero hombre para que vea más allá de sus necesidades y reconozca los esfuerzos de otra persona.

Cuando te sientas emocionalmente seguro, busca formas de darles más poder a las personas manteniéndolas informadas, confiando en ellas, ocupándote de ellas o valorándolas. Traerá mayor equilibrio a tu vida además de elevar la estima y la productividad de la persona capacitada.

Reto a la confianza

- ¿Qué temor ha evitado que capacites a alguien en tu círculo de relaciones?

- ¿Qué harás hoy para comenzar con el proceso?

Disfrutar del éxito

*No que seamos competentes por nosotros mismos
para pensar algo como de nosotros mismos,
sino que nuestra competencia proviene de Dios.*

2 CORINTIOS 3:5

¿SABÍAS QUE no tienes que ser emocionalmente seguro para tener éxito? De hecho, la inseguridad es con frecuencia el factor catalizador que impulsa a muchos a lograr metas. Su éxito se vuelve el antídoto que distrae la atención de cualquier cosa que les haga sentir incompetentes. Estas personas que logran tanto con frecuencia tuvieron éxito por temor a la pobreza, temor a repetir el destino del padre o de la madre, temor a desilusionar las expectativas de la familia o temor a una interminable lista de otras cosas. Sin embargo, lo que he aprendido es que la seguridad emocional es esencial si se quiere mantener la libertad requerida para gozar del éxito.

TEMOR AL ÉXITO

El temor al éxito probablemente hace descarrilar tantos sueños como el temor al fracaso. Tengo amigos talentosos, creativos, que podrían estar ganando significativas sumas de dinero al año, pero en cambio se encuentran viviendo por debajo de sus privilegios, batallando constantemente contra las autoridades fiscales o saliendo siempre perdiendo en los tratos. No puedo evitar maravillarme por su capacidad de sabotear el éxito que debería ser suyo. No parecen estar satisfechos a no ser que tengan penurias financieras. Si bien no creo que el éxito y la riqueza estén intrínsecamente vinculados, en este capítulo supondremos que la prosperidad es uno de los subproductos clave para lograr las metas que uno se propone. Puesto que no puedo estar segura de la naturaleza exacta de los temores particulares de mis amigos, solo puedo suponer que entran dentro de una o más de las categorías que trataremos a continuación.

Temor a la separación de los compañeros. Desde la escuela primaria hasta la secundaria, tuve la bendición de tener notas excelentes. Si bien disfrutaba de los elogios de mis maestros, el temor a aislarme de mis compañeros siempre arrojaba una sombra sobre mis logros. Sabía que la mayoría de las personas suponían que si uno sobresalía pronto se haría "un creído" y pensarían que eras "de esa manera". Había oído a algunos alumnos murmurar que las personas que sobresalían se creían que eran "algo". El precio que se pagaba por destacar solía ser el alejamiento y el rechazo. Para mí, al ser una persona sumamente sociable, este sería el peor de los castigos. Me aseguré de quitar siempre importancia a mis logros y de mantener relaciones con una cantidad significativa de personas que no lograban sus metas. El mismo temor siempre estuvo latente en mi mente cuando lograba cualquier cosa al llegar a la edad adulta. Sabía que el éxito podía alejarme de las personas, así que intentaba actuar como si nunca realmente me entusiasmara nada de lo que había hecho.

Los compañeros siempre aumentan sus expectativas financieras respecto a ti cuando se enteran de que tus ingresos han subido significativamente. Pueden llegar a suponer que pagarás la cuenta cuando cenes con ellos. Después de todo, tú puedes darte el lujo de hacerlo. Se necesita una persona segura para no ceder a esa presión. Es mejor no sentar un precedente al hacerlo. ¿Tienes el valor de pagar la parte que te corresponde de la cuenta como si fuera lo más natural del mundo? ¿O después te sientes agonizar por lo que tus amigos pensaron de tu acción? Tener éxito no es para los inseguros.

Temor al aislamiento por parte de los miembros de la familia. Tengo la suerte de pertenecer a una familia grande y que brinda apoyo. Puedo compartir cualquier logro con ellos, y a ellos les encanta alardear de mí con cualquiera que quiera escucharlos. Por otra parte, si alguien creció en una familia donde siempre ocupó el último puesto en la jerarquía o por lo menos era el que menos probabilidades tenía de lograr algo, los miembros de su familia podrían sentirse resentidos por su ascenso a la cima o incluso hacer suposiciones sobre cómo debería actuar con la familia (especialmente desde el punto de vista financiero) a la luz de su éxito. El pensamiento de ser rehén de nuestras expectativas puede llegar a asustar. La inseguridad de algunas personas las hace dudar de si realmente merece la pena ir tras sus metas.

Temor a la incapacidad para mantener el éxito. Tener éxito puede generar su propia ansiedad. Tengo una amiga que escribió varias canciones de éxito a principios de su carrera. Ella cuenta la historia de la terrible ansiedad que sintió cuando se vio bombardeada con pensamientos de que no podría mantener su éxito. De hecho, su ansiedad se volvió tan severa que se vio obligada a buscar ayuda profesional. Ah, si pudiéramos disciplinarnos para vivir en el ahora y disfrutar del hoy. Winston Churchill dijo: "El éxito nunca es definitivo, el fracaso nunca es fatal".

Temor a atraer personas no sinceras. Tu éxito atraerá a muchas personas que se darán más valor a sí mismos al decir que tienen una relación contigo. Salomón advirtió: "Las riquezas traen muchos amigos; mas el pobre es apartado de su amigo" (Pr. 19:4).

Es importante con cada nivel de éxito hacer todos los esfuerzos posibles por continuar abrazando a los *verdaderos* amigos, aunque se les haya superado social y económicamente. Debes ser sensible al decir a dónde has viajado o al mencionar el último artículo de diseño que te compraste. Ora porque no se vuelvan envidiosos y resentidos por tu éxito. Comparte con ellos tu deseo sincero de seguir conectados. Demuéstraselo incluyéndolos cada vez que sea posible en algunas de tus actividades elevadas y, más que nada, reservando tiempo para hacer algunas de las cosas que solíais hacer. Evita alardear cuando invites a tus viejos amigos a casa. ¿Por qué insistir en que les guste el caviar cuando sabes que siempre disfrutasteis del pollo frito?

Temor a ser bombardeado con solicitudes financieras. Este temor probablemente sea uno de los más factibles de cumplirse. Mi corazón se apena ante las celebridades que no pueden disfrutar de una salida, incluso a la iglesia, sin que alguien se les acerque con una propuesta o les pida un favor monetario. Por cierto, todos sabemos que a todo aquel a quien se haya dado mucho, mucho se le demandará. Y sí, el éxito y la riqueza conllevan una pesada responsabilidad, pero no con cada persona que tenga "la idea del siglo". Nadie debería tener que vivir como un ermitaño para llevar una existencia pacífica. Se requiere una verdadera seguridad emocional para decir que no y no preocuparse por la mala prensa o por la imagen poco popular que pueda desarrollar como resultado. Ahí es donde la confianza en Dios entra a ocupar el escenario central de tu vida. Debes seguir tu corazón, dar cuando Él te lo indique y dejar tu imagen en sus manos. Por supuesto, es una buena idea establecer una política y unos límites sobre cómo tratar con la familia y las finanzas. Si estás constantemente inundado de solicitudes de otras personas, podrías pensar en alquilar un apartado postal estrictamente para esas solicitudes. Haz imprimir tarjetas comerciales y, cuando se te acerquen, pídele a la persona que envíe por correo la propuesta a la dirección que figura en la tarjeta y que espere una respuesta de su representante dentro de los próximos 90 días. Simplemente ten presente que no le debes nada a nadie. Dios te otorga dinero para que lo administres para su gloria.

Considera la historia de John D. Rockefeller. Su riqueza casi demostró ser su ruina física. A los 53 años de edad, Rockefeller ganaba alrededor de un millón de dólares por semana, convirtiéndolo en el único hombre poseedor de miles de millones de dólares en el mundo. Lamentablemente, su riqueza no podía curar su mala salud. Era un hombre muy enfermo que debía vivir con una dieta muy aburrida de leche y galletas saladas. Sufría de insomnio y se preocupaba constantemente por su dinero. Salomón dijo que habría días como estos para los ricos. "Dulce es el sueño del trabajador, coma mucho, coma poco; pero al rico no le deja dormir la abundancia" (Ec. 5:12). Parecía que los días de Rockefeller estaban contados. Luego descubrió el secreto del verdadero éxito. Comenzó a repartir dinero entre los necesitados. A cambio, Dios le dio salud a su cuerpo. Mejoró enormemente y vivió hasta unos maduros 98 años. Dios quiere que gocemos de su riqueza a su manera.

LA RELATIVIDAD DE LA RIQUEZA

La riqueza es relativa. Alguien siempre tendrá más y alguien siempre tendrá menos que tú. Se requiere de un esfuerzo diario, concienzudo, para luchar contra el descontento y para disfrutar de cualquier nivel de éxito que ya se haya logrado. Todo lo que te rodea desde comerciales, info-comerciales y carteles de la autopista hasta familiares y amigos bien intencionados gritarán: "Te falta algo. ¡Compra esto, compra eso!".

Como pasatiempo, mi esposo y yo solíamos conducir por Beverly Hills para ver las increíbles casas que hay allí. Aunque Dios nos ha bendecido y vivimos con bastante comodidad, con frecuencia regresábamos a casa frustrados por la extrema riqueza de aquellos cuyos recursos excedían en mucho a los nuestros. Nos lamentábamos por el éxito de los "malos" y nos alentábamos con la conclusión santurrona de que, al final, estábamos mucho mejor que ellos, porque éramos fieles dando el diezmo y honrábamos a Dios con nuestro dinero, ¡como si ninguno de ellos lo hiciera! (Hay muchos que lo hacen). Irónicamente, con frecuencia oíamos que alguien había venido a nuestra casa y había sentido una frustración similar cuando nos veía gozando de la abundancia de Dios. Ah, que el espíritu de contento inunde nuestros corazones. La vida sería tan feliz.

ABRAZAR EL ÉXITO DE LOS DEMÁS

Algunas personas son demasiado inseguras para aplaudir el éxito o los logros de otro, ya se trate de un compañero de trabajo, un pariente lejano, un hermano, el cónyuge o incluso el hijo o la hija. Su mentalidad de escasez les hace sentir que deben tener un éxito comparable para no sentirse inferiores. Si de hecho pueden reclamar un logro personal similar, entonces lo mencionan rápidamente. Por ejemplo, Susana puede decirle a su amiga: "Me alegra que hayas disfrutado de tu viaje a Europa. Ahora, Sudáfrica es el lugar para ir. ¡Lo pasamos genial allí!" Cuando no pueden señalar un logro personal similar, con frecuencia compiten indirectamente mencionando la experiencia o el logro de otra persona. La persona sustituida puede ser su hijo o hija, un amigo o cualquier otro conocido. Por ejemplo, tomemos el caso de Lucía, que invitó a Juanita a ir a su casa a ver su cocina recién remodelada. Al verla, Juanita exclama: "Ah, deberías ver la nueva casa de mi amiga Patricia. ¡Su cocina es increíble!" Lo que Juanita está diciendo en realidad es: "Mi casa no se compara con la tuya, pero alguien a quien conozco tiene una casa que puede competir con tu casa".

Ponte a actuar y resiste la tentación de competir indirectamente.

Si te encuentras sintiendo la necesidad de competir cuando le hacen un cumplido a otra persona, reconócelo de inmediato y renuncia al espíritu de inseguridad que está intentando atraparte. Ponte a actuar y resiste la tentación de competir indirectamente. Comienza a rechazar este tipo de comportamiento respondiendo de la manera opuesta.

Practica sentirte lo suficientemente seguro como para disfrutar de los logros de otra persona. Digo "practica" porque hay muchas posibilidades de que no te "sientas" seguro inicialmente. Simplemente hazlo. Permite que tu fe te dicte el comportamiento. La fe sin acción u obras está muerta. Estoy completamente convencida de que cuando uno obedece al Espíritu y le permite que determine sus actos, la carne se vuelve cada vez más débil y debe finalmente sucumbir al control del Espíritu.

La nube de la envidia

Una de las deficiencias desafortunadas del éxito es que muchas personas están tan llenas de envidia por tu buena fortuna que no quieren que tú la disfrutes. Alguien dijo una vez: "Pocos hombres tienen la fortaleza de honrar el éxito de un amigo sin envidia". Es comprensible que muchas personas de éxito prefieran buscar nuevos amigos que no les hagan sentir culpables por haber trabajado arduamente, por haber pagado sus impuestos y por haber cosechado los beneficios, todo por la gracia de Dios.

Si no desarrollas tu propio sentido de apropiación con el que Dios te ha bendecido, nadie lo hará. Luché con el concepto de apropiación cuando trabajé para una gran compañía. Formaba parte de un grupo selecto elegido para reunirse periódicamente con un popular psiquiatra cuya tarea era asegurarse de que desarrolláramos y mantuviéramos las actitudes correctas hacia el éxito. Éramos excusados periódicamente de nuestro día laboral normal para asistir a esta capacitación especial. El psiquiatra explicaba que la gerencia superior había seleccionado a los individuos de nuestro grupo para un tratamiento especial como parte de una planificación de sucesión corporativa. Yo no me sentía cómoda con el hecho de que los demás tuvieran que trabajar mientras yo me sentaba ahí siendo iluminada sobre cómo avanzar en un Estados Unidos corporativo. Tenía la mentalidad ingenua de que todo debía ser justo y que el favor que estábamos recibiendo de alguna manera no era devoto. No fue hasta años después que me di cuenta de que el favor no es necesariamente justo. De hecho, la esencia de la palabra "favor" implica que se prefiere a uno sobre otro. Dios prometió rodear a sus hijos con favor. "Porque tú, Jehová, bendecirás al justo; como con un escudo lo rodearás de tu favor" (Sal. 5:12). Si bien trato siempre de ser justa en mi conducta hacia los demás, no puedo rechazar el favor que Dios envía a mi camino solo para que los demás no sientan envidia. Debemos comenzar a abrazar el éxito que Dios nos ha dado como parte de nuestro destino.

ANSIEDAD ANTE EL ÉXITO

Es una tragedia superar todos los temores y obstáculos hacia el éxito sólo para que los logros se vuelvan una fuente de frustración e infelicidad.

La ansiedad ante el éxito y la ansiedad ante la felicidad están estrechamente relacionadas. Recuerdo después de nuestro primer año de casados cómo me ponía nerviosa porque Darnell y yo no habíamos tenido esa explosiva pelea tan típica de las parejas jóvenes que intentan fundir sus preferencias, creencias, finanzas y otros aspectos de sus vidas. Me preocupaba especialmente nuestra armonía puesto que había crecido en una casa tumultuosa donde la paz y la comunicación efectiva solo existían en mis fantasías. Nuestra transición de la soltería a ser uno solo desafiaba los pronósticos sobre el matrimonio y las estadísticas de divorcios que con frecuencia leía con gran interés y ansiedad. Sabía que mi educación me colocaba en la categoría de alguien con pocas probabilidades de tener un matrimonio duradero. Me daba realmente miedo que mi esposo y yo en realidad nos lleváramos como los mejores amigos. Esperaba que algo malo sucediera porque, después de todo, esa ya era mi experiencia mientras vivía en mi casa.

Finalmente, ya sin poder soportar la tranquilidad, le pregunté a Darnell: "¿Cuándo vamos a tener la gran pelea?" "¿La gran qué?", preguntó perplejo. "Ya sabes, la gran discusión explosiva". Me miró directamente a los ojos y con mucha ternura me aseguró que él no era, y nunca iba a ser, la persona que yo temía que fuera. Decidí darme permiso para ser feliz sin sentir que era una traición a mi madre si mi experiencia no se asemejaba a la de ella. De algún modo, había internalizado su mensaje sutil de que nadie podía estar felizmente casado. Sentía que ella quería que tuviéramos eso en común. Eso fue hace casi 26 años, y sigo felizmente casada con mi mejor amigo.

Parece difícil de imaginar, pero sé que mi historia no es única. He tenido amigas que tuvieron que reprimir su felicidad para evitar desilusionar a uno de sus padres o a un pariente cercano empeñado en que tenían en común una desgracia matrimonial.

La ansiedad ante el éxito sucede de una manera muy similar. Tal vez uno de tus padres o alguna otra persona que tenía una influencia significativa en tu vida no fue capaz de superar los obstáculos para conseguir el éxito. Te dijo que nunca debías esperar tener éxito por alguna razón que sonaba legítima en aquel momento. Sin embargo, ignoraste su advertencia, trabajaste duro y lograste tus metas. Lamentablemente, te olvidaste de apagar el grabador de tu mente que te decía que no violaras sus expectativas. Aunque ahora tengas éxito, es posible que sientas que no mereces tu buena suerte y que esto no perdurará. Puedes encontrarte teniendo una conducta de autosabotaje que te confirmará tus propios temores y los convertirá en realidad.

¿Qué debes hacer? Primero, agradece a Dios por comprender la raíz del problema. Segundo, háblalo con alguien que sepa escucharlo. Hablar es terapéutico, y con frecuencia ayuda a aliviar el problema de parte de su tensión. Tú ya sabes que lo que piensas está mal. A veces se necesita simplemente a alguien, no siempre a un terapeuta profesional, para que te lo diga. La felicidad es una opción. Ahora, tú eres un adulto independiente, pensante, con un destino personal que no depende de la experiencia de ninguna otra persona. Al oírte poner el problema en perspectiva, puede que te encuentres regularmente pronunciando las palabras de Salomón: "Conmigo está el consejo y el buen juicio; yo soy la inteligencia; mío es el poder" (Pr. 8:14).

Reto a la confianza

- ¿Alguna vez te encontraste minimizando tus logros o bendiciones para evitar crear envidia o desilusión en alguien?

- ¿Estás dispuesto ahora a abrazar y disfrutar de tu éxito?

Experimentar paz

La paz os dejo, mi paz os doy; yo no os
la doy como el mundo la da. No se turbe
vuestro corazón, ni tenga miedo.

JUAN 14:27

LA PAZ MENTAL es el bien más valioso del mundo. Nada puede compararse con ella. Todos desean paz interior pero muchos no la encuentran, porque la buscan en los sitios equivocados. Jesús dijo que la paz que Él da no llegaría de la misma forma que la del mundo: fama, éxito, amigos, ascenso, poder, atención, dinero y posesiones más grandes o en mayor cantidad. Nada externo jamás producirá paz mental. Las incertidumbres de la vida moderna pueden mantenernos en un estado de ansiedad respecto a temores reales e imaginarios.

La seguridad emocional y la paz están intrínsecamente vinculadas. La paz es la ausencia de ansiedad; las personas inseguras están llenas de ansiedad y de miles de temores. Cuando te relacionas con ellas, su cohibición, competitividad o promoción propia revelan sus temores internos. Aunque puedan presentar una fachada de confianza, la persona que está discerniendo espiritualmente puede ver a través de sus máscaras.

Cuando recordamos que el significado de la raíz de "confianza" es "con fe", nos damos cuenta de que no puede haber confianza ni paz sin fe en un Padre infalible que nos da amor.

Veamos brevemente algunos de los requisitos básicos para la tranquilidad interior.

PRIORIZAR TODO ASPECTO DE TU VIDA SEGÚN LA PALABRA DE DIOS

Cuando los fariseos le preguntaron a Jesús cuál era el mandamiento más importante de la ley, Él respondió: "Amarás al Señor tu Dios con todo tu corazón, y con toda tu alma, y con toda tu mente. Este es el *primero* y grande mandamiento" (Mt. 22:37-38, cursivas añadidas). El alma está compuesta por la mente, la voluntad y las emociones; allí es donde mora la paz.

Hay dos aspectos de nuestras vidas en las que debemos colocar primero lo primero para experimentar paz: las finanzas y las relaciones. La paz proviene de saber que hemos hecho eso.

Las finanzas. Obedecer las prioridades financieras de Dios eliminará la ansiedad y la inseguridad respecto a tu capacidad futura de mantener la riqueza que has ganado como resultado de tu éxito. Cuando desobedeces, se debilita tu músculo de la fe: "Bendito el varón que confía en Jehová, y cuya confianza es Jehová. Porque será como el árbol plantado junto a las aguas, que junto a la corriente echará sus raíces, y no verá cuando viene el calor, sino que su hoja estará verde; y en el año de sequía no se fatigará, ni dejará de dar fruto" (Jer. 17:7-8). Es cuando has amontonado tu riqueza sobre ti mismo, has comprado todo el boato para aumentar tu valor y has cerrado los oídos a los necesitados que experimentas inquietud emocional. Recuerda la historia de John D. Rockefeller que tratamos en el capítulo anterior y cómo el hecho de dar alargó su vida y le trajo una gran paz y satisfacción.

Las relaciones. Dios y la familia —en ese orden— deben ocupar sus lugares apropiados en nuestros corazones y horarios. Los medios de comunicación nos bombardean semanalmente con las noticias de las últimas rupturas de parejas que han logrado fama y fortuna. Los divorcios de Hollywood son ahora un cliché. Lamentablemente, los fracasos en las relaciones no se limitan a Hollywood. Los divorcios también se están haciendo cada vez más comunes entre los líderes de Dios y los laicos. Los ministros le dan una equivocada prioridad al ministerio por encima de sus familias, todo en el nombre de servir a Dios. Algunos incluso han convencido a sus esposas de que es una prioridad aceptable para Dios. Las esposas recurren a la frustración y al resentimiento silencioso. Aunque el ministro pueda lograr un éxito público, de hecho es un fracaso privado a los ojos de Dios.

Cuando las parejas se separan, resulta evidente que una o ambas partes no están en armonía con los mandatos de Dios para las relaciones exitosas. Nunca olvidaré el consejo del Sr. Jones, el instructor de nuestra banda en el instituto. Yo era una majorette sin demasiado ritmo, incapaz de marchar con el mismo pie que las otras majorettes cuando desfilábamos. Intenté ir al mismo ritmo con la que estaba a mi izquierda, luego con la que estaba a mi derecha, sin conseguir nada. "Izquierda, derecha, izquierda, izquierda… vaya, ¡mal otra vez!" Un día durante la práctica, el señor Jones gritó: "Smith, deja de mirar a la izquierda o a la derecha. Simplemente pon la vista en el tambor. ¡Todos los que vayan a tiempo con el tambor mantendrán el ritmo entre sí!" Cuán cierto. Cuando no logramos hacer que Dios sea el tambor de nuestras vidas, marchamos al ritmo del mundo. Nuestras relaciones sufren y la paz mental nos elude.

ESPERA MÁS DE DIOS Y MENOS DE LAS PERSONAS

¿Alguna vez tuviste grandes expectativas sobre alguien que te falló o que frustró tus esperanzas? Dichas experiencias pueden hacer que nos volvamos muy inseguros en nuestras relaciones. Si no tenemos cuidado, comenzamos a juzgar a todo el mundo de la misma forma. Lo que tenemos que recordar es que los seres humanos son propensos a desilusionarnos; no necesariamente a propósito, pero simplemente porque son meros humanos, hechos del polvo de la tierra. Debemos emular a nuestro Padre y extenderles gracia. "Como el padre se compadece de los hijos, se compadece Jehová de los que le temen. Porque él conoce nuestra condición; se acuerda de que somos polvo" (Sal. 103:13-14). En su lecho de enferma terminal, mi mentora, la difunta doctora Juanita Smith, explicó cómo había tratado con las personas que la habían desilusionado o lastimado. Dijo: "Todos lastimamos a las personas. Muchas veces la gente no sabe el alcance hasta el cual nos han herido. Por eso debemos liberar a todos. Tenemos que perdonar". Ella sabía que Dios tenía un propósito divino al permitirle sufrir expectativas fallidas; ella también sabía que Él le había dado su gracia para tolerarlas.

No podemos darnos el lujo de quedarnos atascados en la inseguridad o en la falta de perdón porque alguien no cumple con nuestras expectativas. Lo mejor que podemos hacer es orar porque las personas de nuestra vida sean sumisas a las maneras de Dios y esperar a que Dios responda a nuestras oraciones en su nombre. Si deseas cultivar la paz en tu vida, radica esta verdad en tu corazón y aprende a redirigir tus expectativas hacia Dios. El salmista se advirtió a sí mismo: "Alma mía, en Dios solamente reposa, porque de él es mi esperanza" (Sal. 62:5). Cualquier cosa que alguien nos haga, siempre debemos recordar que Dios lo podría haber detenido en cualquier momento, pero que Él eligió no hacerlo. Evidentemente, Él consideró que nuestro crecimiento espiritual y madurez es una necesidad más importante.

Aunque el Dios omnisciente nunca se siente desilusionado, impactado o sorprendido por el comportamiento humano, sin embargo sí se siente herido cuando violamos sus leyes. Imagina cuánto se entristeció cuando vio su creación volverse totalmente corrupta. "Y vio Jehová que la maldad de los hombres era mucha en la tierra, y que todo designio de los pensamientos del corazón de ellos era de continuo solamente el mal. Y se arrepintió Jehová de haber hecho hombre en la tierra, y le dolió en su corazón" (Gn. 6:5-6). Dios decidió destruir todo y comenzar de nuevo. Sin embargo: "Noé halló gracia ante los ojos de Jehová" (Gn. 6:8). Puesto que Noé era un hombre recto, Dios lo utilizó a él y a su familia para volver a poblar la tierra. Él envió el gran diluvio. Sin importar cuán grande sea la tentación, no debemos descartar a todos los hombres o a todas las mujeres de toda la raza humana solo porque las personas parecen fallar continuamente a nuestras expectativas. Para experimentar paz, debemos creer que Dios enviará a las personas correctas, aunque imperfectas, que satisfarán nuestras necesidades y serán dignas de nuestra confianza.

RECONOCER A DIOS EN TODAS NUESTRAS DECISIONES.

Puesto que la mayoría de nosotros solemos actuar como "hacedores humanos" en lugar de como "seres humanos", no invertimos el tiempo necesario para confirmar si estamos o no bajo la voluntad de Dios. En cambio, perseguimos inmediatamente la primera gran idea que aparece en nuestras mentes. Nada es más frustrante que descubrir que después de haber dedicado un tremendo esfuerzo a una tarea, Dios viene y dice: "No".

Josafat, uno de los buenos reyes de Judá, se sentía frustrado y enfadado. Había celebrado una sociedad con el maligno rey de Israel para construir una flota de buques mercantes. Hizo lo que muchos de nosotros hacemos y no reconoció a Dios antes de celebrar el acuerdo. Dios es inflexible acerca de no ser vinculado de forma desigual con un no creyente en ninguna situación. No iba a sentar un precedente ni a recompensar ese tipo de independencia ni siquiera por este rey, que andaba rectamente ante Él. Envió a un profeta para que le diera el devastador mensaje a Josafat: "'Por cuanto has hecho compañía con Ocozías, Jehová destruirá tus obras. Y las naves se rompieron, y no pudieron ir a Tarsis" (2 Cr. 20:37). Piensa en todos los gastos de capital, el coste en mano de obra y la energía mental involucrados en tal empresa. No se recuperó nada; todo había sido hecho en vano. Un fracaso tan importante puede producir un golpe poderoso sobre el ego y el sentido de la competencia de uno.

Cuando vamos por la vida de forma independiente y llegamos hasta el final y nos damos cuenta de nuestro error, esperamos que Dios nos ayude. A veces Él extiende su gracia y nos salva; otras veces se sienta de brazos cruzados y nos permite aprender la lección de que toda *buena* idea no es una idea de *Dios*. El rey Salomón nos advirtió sobre el hecho de seguir nuestros propios instintos naturales. "Fíate de Jehová de todo tu corazón, y no te apoyes en tu propia prudencia. Reconócelo en todos tus caminos, y él enderezará tus veredas" (Pr. 3:5-6).

CULTIVAR UNA ACTITUD DE CONTENTO

Las personas emocionalmente seguras han *aprendido* a practicar la paz. Aprender no es un proceso instantáneo, implica estudiar y aplicar conceptos. El apóstol Pablo dijo: "No lo digo porque tenga escasez, pues he aprendido a contentarme, cualquiera sea mi situación. Sé vivir humildemente y sé tener abundancia; en todo y por todo estoy enseñado, así para estar saciado como para tener hambre, así para tener abundancia como para padecer necesidad" (Fil. 4:11-12).

Cuando cultivas una actitud de contentamiento en todos los aspectos de tu vida, ya no eres susceptible a las afirmaciones de los medios de comunicación o de otras personas respecto a lo que es "menos que" y lo que "necesita más". Nadie puede convencerte de que alguna "cosa" va a traerte satisfacción. "Pero", puede que preguntes, "¿y si quiero más? ¿Debo estar satisfecho con vivir una vida mediocre? ¿Estás defendiendo la complacencia?" De ningún modo.

> *La prosperidad no tiene el poder de darnos contentamiento, ni la pobreza el poder de quitárnoslo.*

Estoy defendiendo una actitud de gratitud por lo que ya tienes y por la fe de creer que Dios considerará tu solicitud de tener más y te otorgará lo que necesites y desees en un tiempo determinado. Algunas personas tienen pensamientos del tipo "una cosa o la otra" y suponen que Dios quiere que ellos tengan muy poco. Como tales, ensalzan las virtudes de la pobreza y la negación de las cosas materiales como la clave para la paz y el contentamiento. El profesor de Biblia Chip Ingram dijo en una transmisión radiofónica reciente: "La prosperidad no tiene el poder de darnos contentamiento, ni la pobreza el poder de quitárnoslo".

ELIMINAR TODA INJUSTICIA

El profeta Isaías proclamó: "El efecto de la justicia será paz; y la labor de la justicia, reposo y seguridad para siempre" (Is. 32:17).

La justicia es simplemente estar en buena posición ante Dios. Caminar rectamente ante Él es básico para la paz interior. Debemos hacer la conexión y comprender que "la justicia y la paz se besaron" (Sal. 85:10). Hay una relación estrecha entre hacer las cosas bien y experimentar la paz. El pecado nos desconecta de nuestra fuente de poder, el único Dios que nos permite ser competentes y suficientes para cada tarea. Vivir con una moral elevada nos coloca debajo del paraguas de su protección y nos escuda ante la incertidumbre que acosa a los que son desobedientes.

De ninguna manera estoy queriendo decir que para ser emocionalmente seguro debes vivir una vida sin pecado las 24 horas del día. Nuestro Padre sabía que íbamos a pecar, así que envió a Jesús para que expiase todas nuestras transgresiones. Nuestra responsabilidad en este proceso es doble: primero, arrepentirnos rápidamente de todo pecado para que podamos reestablecer de inmediato nuestra conexión con un Dios santo, y segundo, invocar al Espíritu Santo para que evite que repitamos las malas acciones.

Digamos que tu inseguridad te hace mentir diciendo que tienes un determinado nivel de bienes o que tienes estrechas relaciones con ciertas personas "importantes".
Sabes que tu exageración en realidad es una forma de mentira, pero parece funcionar para ti al obtener la atención y la admiración que deseas. ¿Qué haces? ¿Seguir siendo deshonesto? Por supuesto que no. Te das cuenta de que tu conducta está poniendo en peligro tu relación con tu Padre celestial, de quien dependes para tu existencia diaria. Toma la decisión de ser auténtico, de valorar los talentos y los dones que te han sido dados y de confiar en Dios y no en mentiras que te otorgan favores con las personas.

Hay una seguridad serena, un sentido de paz que puede advertirse y que

Las personas seguras andan en paz porque han aprendido a inmovilizar sus pensamientos negativos aunque sus circunstancias negativas puedan predominar.

emana de quienes confían en el Señor. No tienen una mentalidad de escasez que les hace dudar de ayudar a los demás; cooperan gozosamente. Saben que su destino está sellado. Las personas seguras andan en paz porque han aprendido a inmovilizar sus *pensamientos* negativos aunque sus *circunstancias* negativas puedan predominar. Están libres de la turbulencia emocional. Saben que para andar en confianza suprema, deben dejar de lado todo pensamiento que no sea coherente con lo que conocen de Dios. Practican vivir por la fe, en lugar de por lo que sienten o ven. Han dejado de temer a la separación y al abandono. Confían en Dios para que cuide sus relaciones.

Experimentar la paz que caracteriza la vida de las personas emocionalmente seguras requiere una entrega total de nuestra voluntad, nuestras ambiciones y deseos al único que conoce nuestras vidas desde el principio hasta el final. Significa permanecer consciente en todo momento de la presencia facultadora de un Padre que nos cuida.

Reto a la inseguridad

- Habiendo abrazado la verdad de Salmos 139:16, que nos recuerda que todos los días ordenados para nosotros fueron escritos en su libro antes de que sucediera uno de ellos, nombra una cosa por la que hayas decidido dejar de quejarte.

- ¿Cómo cambiarás tu conducta o conversación como resultado de esta decisión?

Andar en victoria

A VECES HAY QUE ABRIRSE CAMINO hacia la victoria. Dicho de forma sencilla, debes comenzar a actuar como una persona emocionalmente segura. Ahora que has buscado al Señor y que has aceptado por fe que Él te ha librado de tus temores, puedes comenzar a ser un ejemplo genuino de persona segura. Las emociones le siguen al comportamiento. Empezarás a sentirte más seguro cuando comiences a tener una conducta segura.

Así como David corrió hacia el gigante filisteo físicamente intimidante, así debemos aprender a correr hacia el gigante emocionalmente intimidante de la inseguridad. No debemos adoptar un enfoque de tipo avestruz y simular que la inseguridad no está allí; no podemos sanarnos de aquello que hemos ocultado. Debemos confesar nuestra inseguridad y conquistarla con la Palabra de Dios.

Amasar los bienes mundanos tales como ropa de diseño, autos flamantes, cantidades enormes de dinero, o una lista de amigos influyentes será tan poco efectivo para curar la inseguridad como colocar una tirita sobre el cáncer. Las fachadas de confianza son solo eso: fachadas. No vencerán a la inseguridad. Debemos matar a este gigante con armas espirituales.

Los principios para superar la inseguridad son muy sencillos:

- Reconoce tu principal temor. El autoengaño te mantendrá en el pozo de la inseguridad.
- Cree que Dios puede liberarte y que lo hará. Nada es demasiado difícil para Él.
- Cambia tus pensamientos. La conducta le sigue a la creencia. Desecha todo pensamiento de incompetencia y todas las demás imaginaciones que te privan seguridad.

- Decreta tu victoria desde la Palabra de Dios. Su Palabra sanará todos tus males.

Estos pasos son simples, pero no sencillos. Debes ser como el pez rémora y estar conectado a un Dios omnipotente, omnisciente y omnipresente. Confiesa a diario:

"Estoy rodeado del favor de Dios. Estoy a salvo, soy seguro, suficiente. Estoy seguro".

El presidente sudafricano Nelson Mandela, en su discurso inaugural de 1994, declaró elocuentemente:

> Nuestro temor más profundo no es a no ser competentes. Nuestro temor más profundo es que somos poderosos más allá de toda medida. Es nuestra luz, no nuestra oscuridad lo que nos asusta. Nos preguntamos: ¿Quién soy yo para ser brillante, sensacional, talentoso y fabuloso? En realidad, ¿qué debemos no ser? Eres un hijo de Dios. Ser insignificante no le sirve al mundo. No hay nada esclarecedor en hundirse para que otras personas no se sientan inseguras a tu alrededor. Nacimos para manifestar la gloria que está dentro de nosotros. No solo está en algunos de nosotros; está en todos. Y a medida que dejamos que nuestra propia luz brille, inconscientemente les damos permiso a los demás para que hagan lo mismo. Al liberarnos de nuestros temores, nuestra presencia libera automáticamente a los demás.

Oración de sanación para la inseguridad

Padre, vengo valientemente ante tu trono de gracia para obtener misericordia y hallar gracia para librarme de la inseguridad emocional (He. 4:16).

Permanezco en tu Palabra que me asegura que eres capaz de que toda tu gracia abunde a mi alrededor para que siempre tenga suficiencia en todas las cosas y que abunde en toda buena obra (2 Co. 9:8).

Desecho todo pensamiento de incompetencia y toda imaginación que surge contra lo que tu Palabra dice sobre quién soy y qué puedo hacer (2 Co. 10:5).

Me resisto a cualquier ansiedad sobre la posibilidad de perder una posición social, profesional o de otro tipo, o una relación deseada. Sé que nadie puede impedir tu propósito para mi vida. Tú, oh Señor, has sellado mi destino (Is. 14:27) y cuidas todo lo que es mío (Sal. 16:5).

Gracias, Padre, por mis características físicas inmutables (altura, raza, cabello, piel, etc.). Me arrepiento de todas las veces que he rechazado tu diseño y que permití que la inseguridad entrara debido a las normas mundanas. Sé, según tu Palabra, que Tú deliberadamente me formaste en el vientre para ser tu siervo. Por lo tanto, descanso y me regocijo en la verdad de que he sido diseñado para mi destino y que soy perfecto para mi propósito (Is. 49:5).

A causa de tu gracia, no ando con dudas sobre mí mismo ni con confianza en mí porque sé que fuera de Ti no puedo hacer absolutamente nada (Jn. 15:5). Por lo tanto, mis ojos están solamente en Ti para hacer en exceso, en abundancia por encima de todo lo que podría pedir o pensar de acuerdo a tu poder que obra en mí (Ef. 3:20).

Te doy las gracias porque, cuando he orado, Tú me has oído y me has liberado de todos mis temores; ya no tienen poder sobre mi vida (Sal. 34:4).

Gracias por la confianza suprema que es mía porque estoy conectado contigo, mi Padre todopoderoso, omnisciente y omnipresente. En el nombre de Jesús. Amén.

Pasajes de las Escrituras que eliminan la inseguridad

COMO HIJOS DE DIOS en una batalla para vencer la inseguridad y para andar en confianza suprema, debemos tener un arsenal de pasajes de las Escrituras ocultos en nuestros corazones para poder responder rápidamente a los ataques de Satanás. Él sólo respeta la Palabra de Dios. Debemos poder decir con confianza: "Esta escrito…". Si no sabemos lo que está escrito, no sabremos que un pensamiento ha surgido contra lo que Dios ha dicho acerca de quiénes somos y qué podemos hacer. Se deben desechar los pensamientos negativos con una palabra de la Palabra. A continuación hay ejemplos de las Escrituras para ocultarlos en tu corazón como armas de defensa y ataque para conquistar la inseguridad.

En el temor de Jehová está la fuente de la confianza (Pr. 14:26).

Yo soy la vid, vosotros los pámpanos; el que permanece en mí, y yo en él, éste lleva mucho fruto; porque separados de mí nada podéis hacer (Jn. 15:5).

No que seamos competentes por nosotros mismos para pensar algo como de nosotros mismos, sino que nuestra competencia proviene de Dios (2 Co. 3:5).

En todas estas cosas, somos más que vencedores por medio de aquel que nos amó (Ro. 8:37).

234 | Vence tu inseguridad

234 | Vence tu inseguridad

234 | Vence tu inseguridad

234 | Vence tu inseguridad

Como todas las cosas que pertenecen a la vida y a la piedad nos han sido dadas por su divino poder, mediante el conocimiento de aquel que nos llamó por su gloria y su excelencia (2 P. 1:3).

Y esta es la confianza que tenemos en él, que si pedimos alguna cosa conforme a su voluntad, él nos oye. Y si sabemos que él nos oye en cualquiera cosa que pidamos, sabemos que tenemos las peticiones que le hayamos hecho (1 Jn. 5:14-15).

Porque los ojos de Jehová contemplan toda la tierra, para mostrar su poder a favor de los que tienen corazón perfecto para con él (2 Cr. 16:9).

Busqué a Jehová, y él me oyó. Y me libró de todos mis temores (Sal. 34:4).

Por nada estéis afanosos, sino sean conocidas vuestras peticiones delante de Dios en toda oración y ruego, con acción de gracias. Y la paz de Dios, que sobrepasa todo entendimiento, guardará vuestros corazones y vuestros pensamientos en Cristo Jesús (Fil. 4:6-7).

Y poderoso es Dios para hacer que abunde en vosotros toda gracia, a fin de que, teniendo siempre en todas las cosas todo lo suficiente, abundéis para toda buena obra (2 Co. 9:8).

Ninguna arma forjada contra ti prosperará, y condenarás toda lengua que se levante contra ti en juicio. Esta es la herencia de los siervos de Jehová, y su salvación de mí vendrá, dijo Jehová (Is. 54:17).

Y sabemos que a los que aman a Dios, todas las cosas les ayudan a bien, esto es, a los que conforme a su propósito son llamados (Ro. 8:28).

Porque Jehová será tu confianza (Pr. 3:26).

En el día que temo, en ti confío (Sal. 56:3).

Porque no nos ha dado Dios espíritu de cobardía, sino de poder, de amor y de dominio propio (2 Ti. 1:7).

Amados, si nuestro corazón no nos reprende, confianza tenemos en Dios; y cualquiera cosa que pidiéremos la recibiremos de él, porque guardamos sus mandamientos, y hacemos las cosas que son agradables delante de él (1 Jn. 3:21-22).

Y el efecto de la justicia será paz; y la labor de la justicia, reposo y seguridad para siempre (Is. 32:17).

Porque tú, oh Jehová, bendecirás al justo; como con un escudo lo rodearás de tu favor (Sal. 5:12).

Porque tú, oh Señor Jehová, eres mi esperanza, seguridad mía desde mi juventud. En ti he sido sustentado desde el vientre (Sal. 71:5-6).

Bendito el varón que confía en Jehová, y cuya confianza es Jehová. Porque será como el árbol plantado junto a las aguas, que junto a la corriente echará sus raíces, y no verá cuando viene el calor, sino que su hoja será verde; y en el año de sequía no se fatigará, ni dejará de dar fruto (Jer. 17:7-8).

Acerquémonos, pues, confiadamente al trono de la gracia, para alcanzar misericordia y hallar gracia para el oportuno socorro (He. 4:16).

De manera que podemos decir confiadamente: El Señor es mi ayudador; no temeré lo que me pueda hacer el hombre (He. 13:6).

El que confía en su propio corazón es necio; mas el que camina en sabiduría será librado (Pr. 28:26).

Mi embrión vieron tus ojos, y en tu libro estaban escritas todas aquellas cosas que fueron luego formadas, sin faltar una de ellas (Sal. 139:16).

Estando persuadido de esto, que el que comenzó en vosotros la buena obra, la perfeccionará hasta el día de Jesucristo (Fil. 1:6).

Y he aquí que yo estoy con vosotros todos los días, hasta el fin del mundo. Amén (Mt. 28:20).

Torre fuerte es el nombre de Jehová; a él correrá el justo, y será levantado (Pr. 18:10).

Notas

1. Paul Lee Tan, *Encyclopedia of 7700 Illustrations* [La enciclopedia de las 7700 ilustraciones], Garland, TX: Bible Communications, 1996, #2671.
2. David Viscott, *Emotionally Free* [Emocionalmente libre] (Chicago, IL: Contemporary Books, 1992) p. 54.
3. <nh.essortment.com/rogerbannister_rzqk.htm>.
4. <outside.away.com/magazine/1099/199910hillary1.html>.
5. "On the Way to the Top," [Camino hacia la cima] *Bits & Pieces*, diciembre de 2004, p. 9.
6. <outside.away.com/magazine/1099/199910hillary1.html>.
7. Deborah Smith Pegues, *Show Me the Money!* [¡Muéstrame el dinero!] (Los Angeles, CA: Wisdom Publishing, 2000), pp. 106-07.

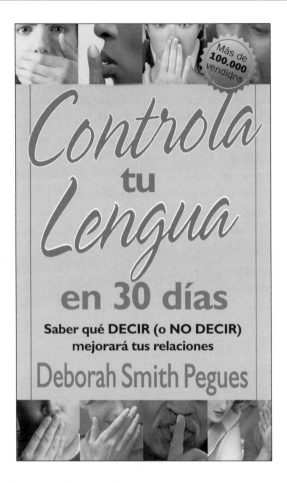

"¿Cómo puedo administrar mejor mi dinero?"

Con este libro breve te sentirás como si tuvieras un consejero a tu lado para ayudarte con tus decisiones financieras. La autora ha preparado un plan simple y práctico para que en solo treinta días puedas tomar las riendas de ese hábito nefasto de gastar más dinero del que tienes.

ISBN: 978-0-8254-1602-6 / Rústica

PORTAVOZ
Otros libros por Deborah Smith Pegues

Con claridad meridiana adquirida gracias a su experiencia como consejera certificada en comportamiento, la autora de más venta Deborah Smith Pegues te enseña como puedes: cambiar tu comportamiento autodestructivo, evaluar tus expectativas, fortalecer tu sistema de apoyo y 25 más.

Combina historias cortas, anécdotas, preguntas profundas y afirmaciones basadas en la Biblia para proporcionar caminos prácticos para que en solo treinta días tengas menos estrés y disfrutes más de la vida.

ISBN: 978-0-8254-1604-0 / Rústica

Disponible en su librería cristiana favorita o en www.portavoz.com